LA RENAISSANCE

CÉDRIC MICHON

LES ESSENTIELS MILAN

Sommaire

Les mots suivis d'un astérisque (*) sont expliqués dans le glossaire.

La Renaissance, le temps des génies

Du XIVe au XVIe siècle, l'Europe connaît une phase d'accélération exceptionnelle. C'est le temps des génies créateurs, qui bouleversent aussi bien l'art que la guerre, la politique, la science, la religion et la connaissance du monde. Sous la pression du double souci d'imiter l'Antiquité et de la dépasser, la Renaissance voit l'émergence d'une pensée et d'un art nouveaux. On assiste parallèlement à l'éclatement du monde ancien avec la découverte de l'Amérique, à la démultiplication des possibilités de communication avec l'invention de l'imprimerie, à l'affirmation de l'Europe comme puissance militaire sans équivalent et à la découverte par l'homme qu'il n'est pas au centre de la création. On a longtemps considéré que le cœur de la Renaissance battait en Italie. C'est pourtant toute l'Europe qui est touchée par cet exceptionnel dynamisme artistique, technique, scientifique, intellectuel et religieux. Les Italiens Michel-Ange et Léonard de Vinci sont ainsi les contemporains du Polonais Nicolas Copernic, du Néerlandais Didier Érasme, du Français François Rabelais, de l'Anglais Thomas More et de l'Allemand Martin Luther. C'est cette époque incroyablement féconde que se propose de parcourir cet ouvrage.

Nota : Les dates des personnages cités sont notées dans les double-pages les plus informatives à leur sujet. Pour les artistes, les dates sont celles de leur naissance et de leur mort, pour les personnages politiques, il s'agit des dates de leur règne.

Représentation du système de Copernic, 1543. Copernic renouvelle l'astronomie et la vision du monde de ses contemporains en découvrant que la Terre tourne autour du Soleil, situé au centre du système solaire.

L'Europe en 1500

L'Europe de la Renaissance voit la coexistence d'États de natures fort différentes. Au centre, la marqueterie des principautés italiennes et allemandes.

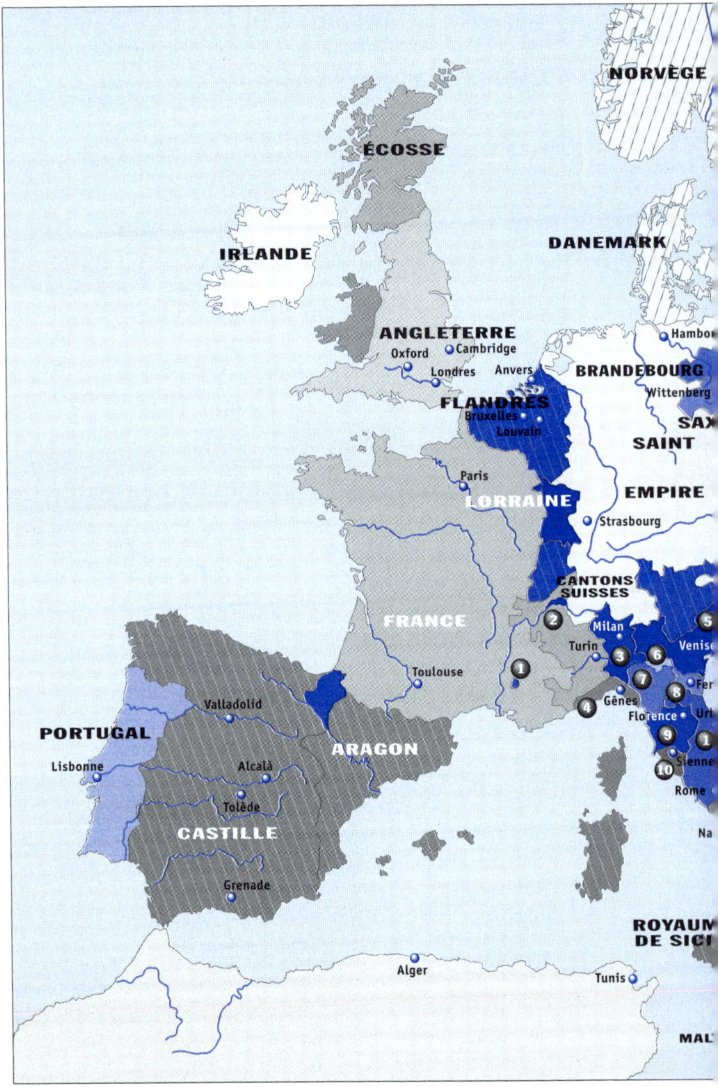

Au nord, des puissances moyennes comme l'Angleterre et l'Écosse ; à l'ouest, les grands royaumes ibériques et français ; à l'est, l'Empire ottoman dont l'irrésistible ascension fait planer une lourde menace.

La Renaissance : essai de définition

La Renaissance désigne une période marquée par le renouveau des cultures grecque et latine et par un dynamisme artistique exceptionnel qui voit l'affirmation de la perspective et du réalisme dans la peinture.

La Renaissance, une période qui a conscience d'elle-même

De nombreux contemporains ont présenté cette période comme une « renaissance » ou un « réveil » après le long assoupissement du Moyen Âge (*medium aevum*). Ainsi, un humaniste comme Marsile Ficin (1433-1499) qualifie son époque d'« *âge d'or* » qui a « *ramené à la lumière les arts libéraux* ». De son côté, le peintre Vasari (1511-1574), dans *Vies des plus grands peintres, sculpteurs et architectes*, utilise le terme *rinascità* pour qualifier la période allant du début du XIVe siècle à Michel-Ange (1475-1564). Quelques siècles plus tard, Michelet, dans son *Histoire de France* (1855), et Jacob Burckhardt, dans sa *Civilisation de la Renaissance en Italie* (1860), ont opéré un saut historiographique en utilisant cette notion culturelle pour désigner l'ensemble d'une période. Cette démarche n'est pas sans poser problème.

Quand commence la Renaissance ?

Les bornes chronologiques de la Renaissance sont extrêmement floues. Commence-t-elle avec Pétrarque (1304-1374) ou, une génération avant, avec Dante (1265-1321) et Giotto (1267-1337) ?

La Renaissance : période ou mouvement (Gombrich) ?

Le problème de la pertinence de la notion de Renaissance pose, plus généralement, celui de la pertinence de la définition de toute période historique. Il n'existe pas de période historique au sens où il y aurait une mentalité partagée par tous à un moment donné dans une société donnée. Comment la Renaissance comme période pourrait-elle exister alors qu'elle se déroule selon des modalités et une chronologie différentes en fonction des régions concernées ? Si l'on parle de Renaissance pour l'Italie du XIVe siècle, il faut attendre un siècle de plus pour pouvoir en faire autant pour la France, et encore plus pour l'Angleterre. Et d'ailleurs, la Renaissance a-t-elle jamais concerné plus de 10 % de personnes dans un espace donné ? Dans ses limites chronologiques et spatiales, la Renaissance est donc un concept très difficile à manier. Davantage que de période, la Renaissance peut sans doute être qualifiée plus justement de « mouvement ». Mouvement étant ici compris comme l'expression d'un état d'esprit engendrant tout le spectre d'attitudes possibles, de l'adhésion totale au rejet fanatique. C'est cela qui se passe dans l'Europe renaissante de 1350-1650.

Aby Warburg (1866-1929)

Issu d'une grande famille de banquiers allemands, il apporte dans l'histoire de l'art de la Renaissance un souffle nouveau en resituant la production artistique dans le milieu culturel, intellectuel, politique et social dont elle est issue.

La Renaissance entre origine et nouveauté, imitation et émulation

La Renaissance peut être définie, au moins partiellement, comme une quête des origines. C'est vrai pour les humanistes et les artistes italiens épris du modèle antique. C'est vrai aussi pour les réformateurs religieux qui aspirent à un retour à l'Église des origines, dépouillée de la dégénérescence médiévale. Toutefois, les rapports avec l'Antiquité ne sont pas que d'imitation. Dans le dialogue d'Érasme le *Ciceronianus* (1528), l'un des personnages critique la simple imitation et exalte l'émulation, qui cherche à surpasser le modèle plutôt qu'à simplement le copier. Vasari, de son côté, affirme que ses contemporains, et en particulier Michel-Ange, ont dépassé les artistes de l'Antiquité. La Renaissance est donc partagée entre un désir de retour aux sources et une soif de nouveauté et de dépassement des modèles antiques.

La Renaissance peut être définie comme une dynamique, particulièrement marquée dans la pensée et les arts, qui affecte l'Occident entre le XIVe et le XVIIe siècle.

La Renaissance dans le temps

La Renaissance fonde sa légitimité sur une relégation du Moyen Âge au rang d'âge obscur. Cela est-il justifié ?

Renaissance et Moyen Âge

On a longtemps considéré que la Renaissance avait succédé à un Moyen Âge à bout de souffle. D'ailleurs, en toute rigueur, la Renaissance est censée suivre une période de mort. Mort de quoi, au juste ? De la pensée ? Que faire alors d'un penseur original comme Gerson (1363-1429), qui n'a pourtant rien d'un humaniste ? De la peinture ? Peut-on qualifier de mort l'art de l'enluminure* des frères de Limbourg (fin XIVe s.-1416) et de Fouquet (v. 1420-v. 1480) ? De l'architecture ? Peut-on vraiment considérer comme mort un art qui est capable de créer l'incroyable portail royal de l'église Notre-Dame de Louviers (1506) ? De l'influence de l'Antiquité sur le Moyen Âge ? C'est faire peu de cas de la place de Virgile, Ovide, Juvénal ou Horace dans la culture des écoles cathédrales. Et que dire des inventions du Moyen Âge qui ont fait la fortune de la Renaissance, comme le compas* ou la poudre ?

Thomas More (1478-1535)

Le destin historiographique de Thomas More est un bon exemple d'anachronisme. On a voulu en faire un apôtre de la liberté de conscience au regard de certains passages de son ouvrage, l'*Utopie*, oubliant qu'en tant que chancelier d'Angleterre il avait appelé au bûcher des hérétiques.

Le Moyen Âge dans la Renaissance

Dire que le Moyen Âge n'est pas une période obscure et décadente ne suffit pas. Il convient également de souligner le chevauchement des deux cultures et des deux esprits. Ainsi, on assiste au renouveau de l'esprit chevaleresque dans les cours de Bourgogne ou d'Italie, qui affirment en même temps les valeurs nouvelles du courtisan. Dans les bibliothèques, des écrits médiévaux et des écrits humanistes coexistent.

Le cabinet d'étude du duc d'Urbino, Federico da Montefeltro, présente côte à côte des portraits de l'humaniste Pétrarque et du scolastique* saint Thomas d'Aquin. Enfin, l'italophobie amène les humanistes non italiens à voir dans leur Moyen Âge l'équivalent local du passé romain. L'humanisme espagnol rejette ainsi la légende noire du Moyen Âge et assume pleinement les siècles précédents : l'évêque de Palencia, Rodrigo Sanchez de Arevalo, affirme dans son *Histoire résumée de l'Espagne* que la civilisation de l'Espagne est prétroyenne, et donc plus ancienne que la civilisation romaine.

Vitalité médiévale

Les historiens du Moyen Âge insistent aujourd'hui sur « *le bel automne de la culture médiévale (XIVe-XVe siècle)* » (Jean-Patrice Boudet).

Renaissance et modernité

L'erreur de perspective a longtemps consisté à vouloir, à la suite de Burckhardt, lire la Renaissance comme la période de fondation de la modernité. Il est vrai qu'en théorisant les lois de la perspective Alberti influence près de 400 ans de peinture occidentale, qu'en mettant au point l'imprimerie Gutenberg permet l'essor de la culture écrite et que la même période voit le renforcement des États-nations, l'essor des gouvernements centralisés, tandis que la conception du monde évolue avec Copernic et que les lettres voient l'affirmation d'une conscience d'auteur. Mais la Renaissance est une période éminemment contradictoire. Elle voit l'affirmation de l'humanisme pacifique en même temps que le déchaînement des fanatismes, des guerres et des massacres. Époque de Copernic et de l'astronomie, elle est aussi le temps de Nostradamus et de l'astrologie. Elle est marquée par un grand intérêt pour tout ce qui touche à la magie et à l'occulte. De grands humanistes comme Pic de La Mirandole (1463-1494) ou Marsile Ficin sont fascinés par l'ésotérisme et par l'idée que des vérités essentielles sont enfermées dans des symboles qui restent à déchiffrer. La Renaissance connaît donc un refus du rationnel, une fascination pour le mystère et la magie.

La Renaissance est une période remarquablement contrastée qui ne doit ni être opposée trop fermement au Moyen Âge, ni être identifiée à notre époque. Sans ces précautions, elle perd son identité et tout espoir d'être comprise.

Une Renaissance multicentrée

La Renaissance est un mouvement éclaté et il est particulièrement difficile de lui trouver un centre.

Florence, Rome ou Venise ?

Il est symbolique d'une Renaissance multicentrée que deux des plus illustres parmi les premiers humanistes italiens, Pétrarque (1304-1374) et Boccace (1313-1375), soient des personnages itinérants. À partir de la fin du XIVe siècle, toutefois, on peut isoler un foyer très dynamique à Florence. D'abord autour de Coluccio Salutati (1331-1406), chancelier de la République florentine, qui s'entoure d'humanistes et promeut l'étude du grec. Ensuite avec l'architecte Filippo Brunelleschi (1377-1446), le sculpteur Donatello (1386-1466) et le peintre Masaccio (1401-1428), autour desquels le retour à l'Antiquité s'affirme dans les arts. Par la suite, c'est Rome qui s'impose, en particulier sous les pontificats de Jules II (1503-1513) et Léon X (1513-1521), qui font travailler les peintres Michel-Ange, Léonard de Vinci et Raphaël, l'architecte Bramante et l'humaniste Bembo. Au lendemain du sac de Rome par les troupes de l'empereur Charles Quint, en 1527, artistes et humanistes s'enfuient de la ville éternelle et n'y reviennent pas. Le polycentrisme de la Renaissance italienne est alors indiscutable. Toutefois, même avant cet événement, des villes comme Naples, Milan, Ferrare, Mantoue ou Venise sont également des centres humanistes et artistiques très importants.

Pietro Bembo (1470-1547)

Issu d'une famille noble vénitienne, humaniste reconnu et poète, il se consacre à la promotion de la langue toscane contre le latin. Cardinal et grand collectionneur, il meurt évêque de Bergame.

Renaissance italienne ou Renaissance du Nord ?

Le problème de l'absence de centralité dépasse d'ailleurs l'échelle italienne. En effet, il n'y a pas une, mais deux Renaissances, en Italie du Nord et dans les Flandres. Ainsi, le Flamand Jan Van Eyck (1390-

1441), par son utilisation de la peinture à l'huile, sa maîtrise de la lumière et de la profondeur des paysages ainsi que le réalisme de ses visages, est l'égal des plus grands peintres italiens de son temps. Les deux Renaissances ne sont toutefois pas interchangeables. On retrouve par exemple chez le Néerlandais Claus Sluter comme chez l'Italien Donatello une très grande humanité dans la représentation des personnages, mais le premier, à la différence du second, ne s'inspire pas de la statuaire antique. De ce point de vue, la transition artistique est sans doute moins brutale au nord qu'au sud. Toutefois, les deux Renaissances se sont mutuellement influencées. Van Eyck est ainsi très prisé des collectionneurs italiens, tandis qu'Antonello da Messina (1430-1479) prend la route des Flandres pour parfaire sa technique et se fait le passeur vers l'Italie des techniques flamandes, en particulier de la peinture à l'huile.

La correspondance

Dans le contexte d'une Renaissance multicentrée, la correspondance est un élément essentiel de communication. Entre 1489 et 1535, Érasme a ainsi envoyé près de 20 000 lettres à plus de 200 correspondants.

La Renaissance, fille de la ville et de la cour

La Renaissance semble, au départ, être la fille de la ville. Les grandes réalisations, tels l'hôpital des Innocents (1419), le dôme de la cathédrale de Florence (commencé en 1420), réalisés par Brunelleschi, ou les fresques de la chapelle Brancacci sont le fait d'un mécénat* public. À la fin du siècle, en revanche, le mécénat se fait davantage privé : Benozzo Gozzoli décore la chapelle du palais Médicis, Botticelli (1445-1515) réalise *Le Printemps* et *La Naissance de Vénus*. Il s'agit néanmoins toujours d'un mécénat urbain, qu'il soit le fait de marchands ou de princes. En quittant l'Italie, en revanche, l'aristocratisation de la Renaissance s'accroît au rythme de sa promotion et de son appropriation par les rois et les grands seigneurs dans le cadre des cours. Alors, la Renaissance n'est plus un phénomène urbain, mais curial*.

La Renaissance est flamande et italienne, et s'épanouit dans les villes commerçantes comme dans les cours royales et princières.

Une Europe en plein essor

Quentin Metsys, *Le Changeur et sa femme*, 1514 : cette scène de genre montre l'ampleur que prennent les activités économiques dans la société renaissante.

La Renaissance débute dans un contexte troublé, celui de la guerre de Cent Ans, des affrontements entre cités italiennes et des difficultés de la papauté, exilée à Avignon.

Une Europe en plein essor au lendemain de la guerre de Cent Ans et de la grande peste

À partir de 1450, on assiste à un retournement de conjoncture, avec le recul des grandes épidémies, la fin de l'affrontement entre la France et l'Angleterre et une reprise démographique et économique particulièrement marquée dans les villes des Flandres et du nord de l'Italie. En 1519, Claude de Seyssel, conseiller de Louis XII et théoricien politique, évoque la « *copiosité du populaire* ». Entre 1500 et 1560, Anvers passe de 50 000 à 100 000 habitants. Surtout, l'économie connaît de nombreuses transformations. À partir de 1450, la production agricole augmente, même si l'on ne peut pas parler de révolution agricole. La production artisanale croît également. Enfin, les échanges commerciaux et le crédit bancaire se développent. C'est l'époque des grandes compagnies commerciales et bancaires et de l'affirmation des premiers grands capitalistes (Médicis à Florence, Fugger à Augsbourg). Toutefois, il est excessif de parler de capitalisme : l'économie de marché est loin de commander toute l'économie à la Renaissance. Signalons pour terminer l'apparition de nouveaux acteurs (en particulier l'Angleterre) à partir du milieu du XVIe siècle et l'effacement relatif de la Méditerranée au profit de l'Atlantique.

Promotion de l'Occident ?

Pour l'historien J. Delumeau, la Renaissance correspond à « *l'époque où la civilisation de l'Europe a de façon décisive distancé les civilisations parallèles* ».

L'affirmation de l'idée d'Europe contre celle de chrétienté

Au moment de la Renaissance, la notion de chrétienté est de plus en plus dénuée de sens. Il y a bien des appels réguliers à la croisade contre les Turcs, mais ils sont de plus en plus formels. La Réforme protestante affaiblit encore l'idée de chrétienté. Calvin évoque ainsi en 1560 l'éclatement non de la chrétienté, mais de l'Europe (*Europae concussio*). Lorsqu'en 1559 l'humaniste Loys Le Roy écrit un *Discours sur la paix*, il s'écrie : « *Prêtez l'oreille à la voix sacrée de l'Europe !* » L'affirmation de l'idée d'Europe est peut-être liée à l'intérêt nouveau pour les projections cartographiques et la mesure plus fine des degrés de latitude qui permettent à un nombre croissant d'Européens d'avoir une connaissance précise de leur continent. D'ailleurs, l'idée que les intérêts des États européens sont inextricablement liés est de plus en plus nette. L'*Histoire de son temps* de l'historien Paul Jove (1483-1552) est, dans une large mesure, une histoire de l'Europe, du Portugal à la Russie et de l'Angleterre à l'Italie.

Développement des échanges.

À la fin du XVe siècle, 200 navires passent chaque année au large des côtes danoises. Un siècle plus tard, ils sont près de 2 000.

Les faiblesses des rivaux

L'une des caractéristiques de la Renaissance est qu'elle correspond à un moment où l'Europe creuse l'écart avec ses rivaux potentiels. Le monde américain qu'elle découvre est victime d'un retard technique, en particulier militaire, et du choc microbien*, qui cause sa perte lorsqu'il entre en contact avec l'Europe. La lointaine Chine, ainsi que l'Inde, malgré des civilisations très raffinées, constituent à l'époque des sociétés bloquées qui ne peuvent lui faire concurrence. La seule puissance dangereuse est l'Empire ottoman, qui pèse comme une ombre menaçante pendant l'ensemble de la période. Les Ottomans, puissance terrestre et maritime, s'emparent de Constantinople en 1453, écrasent les Hongrois à Mohács en 1526, mettent le siège devant Vienne en 1529, mais sont défaits à la bataille de Lépante en 1571.

La Renaissance est la période qui voit l'affirmation de l'Europe comme idée et comme puissance.

Une Europe morcelée et divisée entre guerre et paix

Des empereurs, des rois, des princes, des républiques et des doges*. L'Europe de la Renaissance met en présence des systèmes politiques fort différents qui ne cessent de s'affronter.

Empire, monarchies et républiques urbaines

La Renaissance voit la coexistence en Europe d'États de dimensions et de nature très différentes. Le Saint Empire romain germanique réunit une coalition de principautés, de duchés et de villes situés entre Strasbourg et la Pologne. Il coexiste avec de nombreux royaumes plus ou moins puissants (Angleterre, Écosse, France, Portugal, Pologne, Bohême, Hongrie, Danemark, Suède et Norvège). En Espagne, la Castille et l'Aragon sont réunis depuis le mariage d'Isabelle et de Ferdinand en 1469. La situation de la péninsule italienne est particulièrement originale. Elle comprend, au sud, les royaumes de Naples, de Sicile et de Sardaigne (aux mains des Aragonais), tandis qu'au nord se trouvent une multitude de principautés (Mantoue, Milan, Urbino), de seigneuries (Florence) et de républiques aristocratiques (Venise et Gênes).

Le camp du Drap d'or
Cette rencontre doit son nom aux vêtements somptueux portés par les nobles. « ***Nombre d'entre eux portaient sur leur dos leurs moulins, leurs prés et leurs forêts.*** **» (Martin Du Bellay)**

L'émulation entre les États : la guerre

Ces États sont dans une situation de concurrence permanente qui se traduit par des guerres fréquentes. C'est le cas bien sûr en Italie entre les différentes principautés, mais c'est aussi le cas entre l'empereur et les rois de France et d'Angleterre. À partir de 1498, l'une des clés des relations entre les principales puissances se trouve en Italie. L'Espagne, l'Empire et la France s'affrontent pour le royaume de Naples, puis le duché de Milan. Les guerres d'Italie jouent un rôle essentiel dans la diffusion de la Renaissance. Tout d'abord, elles mettent en contact les armées françaises avec la Renaissance italienne et bouleversent leurs goûts et leurs pratiques culturelles, en particulier à partir de François Ier, qui fait venir Léonard de Vinci en France. Ensuite, elles mettent en contact les Européens du Nord avec des innovations militaires révolutionnaires, comme la fortification bastionnée*.

Les guerres d'Italie (1494-1559)

Elles ont opposé pendant soixante ans Français et Espagnols sur le sol italien. Si elles ont dévasté la péninsule, elles ont également permis la diffusion en France, puis dans le reste du continent, des idées et des œuvres de la Renaissance italienne.

L'émulation entre les États : la concurrence culturelle

L'émulation entre les États n'est toutefois pas uniquement guerrière. Régulièrement, d'ailleurs, des traités de paix perpétuelle mettent un terme aux hostilités. Ainsi, Henri VIII et François Ier s'affrontent non seulement militairement, mais encore par peintres, poètes et architectes interposés. La rencontre du camp du Drap d'or (5-24 juin 1520) entre les deux souverains est célèbre pour le luxe qui l'a caractérisée : chacun des deux souverains a voulu impressionner l'autre par la richesse et le raffinement de sa suite. Par la suite, les ambassadeurs du roi d'Angleterre tiennent au courant leur souverain de l'évolution des travaux du château de Fontainebleau, qui fait intervenir de nombreux artistes italiens. En Italie, l'émulation entre cités est un moteur déterminant de la Renaissance. Ainsi, lorsque Leonardo Bruni (1370-1444) compose un *Panégyrique de la ville de Florence* (1401), dans lequel il affirme «*je plains les autres villes quand on les compare à Florence*», l'humaniste milanais Decembrio répond par un éloge de Milan. Plus tard, c'est la concurrence entre Florence et Sienne qui pousse les Florentins à commander à Brunelleschi la réalisation, grâce à une méthode révolutionnaire, d'un *duomo** grandiose de 114 mètres de haut.

L'Europe de la Renaissance présente donc une réalité politique très hétérogène. Ces différences et la multiplicité des États encouragent une émulation qui est l'une des clés de la Renaissance.

Des États de la Renaissance ?

La Renaissance voit la mise en place d'un État moderne, avec les débuts d'une organisation bureaucratique et fiscale rationnelle, un contrôle renforcé et cohérent sur un espace donné, le monopole de la violence et un effort de domination idéologique.

L'inflation administrative et fiscale

À la Renaissance, des États étendus et centralisés s'affirment (Angleterre, France, Espagne, Hongrie, Pologne). Toutefois, la période correspond également à l'affirmation d'États moyens, princiers, en particulier en Allemagne et en Italie. Ils offrent quelques points communs. D'abord, l'administration se développe, et l'on voit apparaître la formation d'un « quatrième état », celui des officiers*. En France, on passe ainsi de quelques milliers d'officiers à la fin du XVe siècle à près de 20 000 un siècle plus tard. Dans leurs relations entre eux, ces États opèrent une révolution : c'est à cette époque que se mettent en place les ambassades résidentes, en Italie d'abord, puis dans le reste de l'Europe à partir de la seconde moitié du XVe siècle. Cette inflation administrative (mais aussi le coût des guerres) nécessite des moyens nouveaux. On assiste donc à la modernisation du système fiscal. Les impôts sont alors permanents, plus variés, et leur montant global augmente presque partout, tandis que l'administration fiscale se développe.

Thomas Cromwell (1485-1540)

Cromwell, l'un des principaux ministres d'Henri VIII dans la décennie 1530, a été vu comme l'auteur d'une révolution administrative anglaise. En fait, les importantes transformations de l'État anglais s'étalent entre les années 1485 et 1600 et ne sont pas le fruit d'un quelconque volontarisme.

Des monarchies de la Renaissance ?

La monarchie de la Renaissance se distingue de celle du Moyen Âge ou de la période absolutiste par un mélange d'autorité centralisée et de participation de certains sujets à travers différentes institutions héritées du Moyen Âge (Parlement anglais, états généraux français, *Cortes* espagnoles). Elle constitue également un mélange entre la forme domestique, centrée sur les courtisans, et administrative, centrée sur des bureaucrates. Elle se signale aussi par une politique cohérente de mise en scène du pouvoir, qui reflète un travail sur l'image du prince et sur la propagande royale et se traduit par l'exaltation de la personne du prince. Les programmes iconographiques assimilent ainsi le prince tour à tour à Hercule (figure de la force), à David (figure de la justice), à Alexandre (figure du conquérant), aux empereurs romains (figures de la souveraineté).

L'augmentation des impôts

Dans les Flandres, l'impôt augmente de 163 % entre 1430-50 et 1530-50.

L'essor de la pensée politique

La situation politique complexe de l'Italie de la Renaissance, entre républiques et principautés, encourage la fermentation des idées politiques. Dès 1420, à Florence, on assiste à l'exaltation doctrinale des libertés urbaines et de l'idéal civique. La réflexion sur le pouvoir et la chose publique n'est toutefois pas seulement italienne. En témoignent les nombreux *Miroirs des princes*, ouvrages destinés à éduquer les princes, ainsi que la rédaction de synthèses qui s'efforcent de penser le pouvoir en prenant en compte les traditions nationales, comme Claude de Seyssel (1450-1520) et sa *Grant Monarchie de France*. Trois œuvres dominent la période. Dans *Le Prince* (1513), Machiavel réfléchit aux moyens qui permettent au prince d'obtenir et de conserver le pouvoir et théorise la place de la violence et de la crainte dans l'exercice de l'autorité. Dans l'*Utopie* (1516), Thomas More procède à une critique en règle de la société chrétienne de la Renaissance et évoque ensuite, sur le modèle de la *République* de Platon, une alternative possible. Jean Bodin, dans *Les Six Livres de la République* (1576), écrits durant les guerres de Religion, voit dans la souveraineté sans partage la seule solution permettant l'harmonie et la concorde.

La Renaissance correspond à une période d'inflation administrative et fiscale, d'affirmation du pouvoir central et d'enrichissement de la pensée politique qui ne doit pas masquer le pragmatisme d'États qui ne sont pas mus par des objectifs institutionnels précis.

Le rayonnement des cours à la Renaissance

La cour est « *le milieu spécifique qui se constitue autour d'une puissance dont il va être à la fois l'instrument et le reflet* » (A. Chastel).

La cour : un lieu central à la Renaissance

La cour est un lieu privilégié de mécénat culturel et artistique. C'est là que la prééminence du prince s'affirme et que sont renégociées les relations entre le souverain et les élites. Progressivement, la cour, qui n'est au départ qu'une excroissance de la maisonnée du prince, devient un instrument de gouvernement. Parmi ces cours, certaines font figure de modèles.

L'ordre de la Toison d'or

Créé en 1429 par le duc de Bourgogne Philippe le Bon, il est conservé par Charles Quint, qui marque ainsi son attachement aux institutions de la cour bourguignonne. Il permet aux maîtres de l'ordre de distinguer ainsi les serviteurs qu'ils veulent récompenser.

Les modèles bourguignon et italien

En Bourgogne, en particulier, Philippe le Bon (1419-1467) développe une cour structurée qui vise à glorifier le pouvoir ducal et à s'assurer de la loyauté de l'aristocratie du duché. La dignité du duc est affirmée par la somptuosité de ses costumes, de sa vaisselle et de ses tapisseries. Le rayonnement de la cour est assuré par la présence d'artistes comme le sculpteur Claus Sluter, les peintres Jan Van Eyck ou Rogier Van der Weyden (v. 1400-1464). Ce modèle survit ensuite à la cour des Pays-Bas sous la régence de Marguerite d'Autriche (1506-1530). En Italie, également, quelques cours se distinguent. À Milan, Ludovic Sforza, dit le More (1479-1500), se sert de la magnificence pour asseoir son autorité. Il réside souvent dans le château de Vigevano, qui surplombe l'admirable place Ducale qu'il a fait construire (1492-1494), entouré de courtisans issus de l'aristocratie lombarde et des plus grands artistes du temps, Josquin Des Prez, Léonard de Vinci, Bramante. À la tête du duché d'Urbino, Federico

Critiques de la cour

La cour fait l'objet de critiques nombreuses. En Italie, on dit ainsi que « *la cour est un océan dont l'orgueil et la jalousie sont les vagues* » ou qu'elle est « *constante seulement dans son inconstance* ».

da Montefeltro (1444-1482) est une incarnation brillante de *condottiere**. Chef de guerre exceptionnel, il a des connaissances en latin et en grec et transforme Urbino en un centre culturel rayonnant où s'expriment les peintres Piero Della Francesca, Raphaël, Pedro Berruguete aussi bien que l'architecte Alberti. Les Este à Ferrare, les Gonzague à Mantoue et surtout les papes à Rome disposent également d'une cour rayonnante.

Berruguete, *Portrait de Montefeltro en armes et en prière*, v. 1477 : Federico da Montefeltro est représenté entouré des symboles de son pouvoir (hermine), de ses qualités guerrières (armure) et de son érudition (livre).

Le modèle français

La cour de François Ier (1515-1547) est l'une des plus fastueuses de la Renaissance. Elle a des racines médiévales et bourguignonnes. C'est une cour nomade, qui se déplace, essentiellement pour chasser, dans des régions giboyeuses. Elle est constituée de quelques milliers de serviteurs, d'officiers*, de nobles et de marchands. À la différence des princes italiens, François Ier ne dispose pas d'un palais adapté au logement des serviteurs, des courtisans et des officiers de gouvernement. Il se fait construire ou reconstruire des résidences à Saint-Germain, Fontainebleau, Blois et Chambord. Il utilise la cour pour façonner l'image royale : elle est le lieu du mécénat royal, avec les décorations italiennes de Fontainebleau, la présence d'humanistes et de poètes et la réalisation de palais somptueux dont les nombreux ambassadeurs étrangers se font l'écho. Enfin, la cour est un instrument de gouvernement : c'est le lieu d'expression de la faveur royale, qui permet au souverain de distinguer certains courtisans en les faisant, par exemple, « gentilshommes de la chambre privée » et en leur conférant des fonctions politiques. À ces différents points de vue, la cour française est très proche de la cour anglaise.

Si la cour est le lieu par excellence de l'affirmation du pouvoir et du prestige du prince, c'est aussi celui de l'expression du talent des artistes.

Villes et marchands à la Renaissance

La Renaissance voit l'intensification du commerce intra-européen autour de deux pôles essentiels : la Méditerranée et la Baltique-mer du Nord.

Érasme et la finance

« Il est contre nature, comme le dit Aristote dans sa Politique, *que l'argent engendre l'argent. De nos jours, la rage de posséder a atteint un tel niveau qu'il n'est rien dans le royaume de la nature, ni sacré, ni profane, dont on ne puisse tirer profit. »*

Une Europe capitaliste et marchande dynamique

Quelques grandes familles, à la tête de puissantes compagnies, s'affirment alors, comme les Fugger en Allemagne ou les Médicis à Florence. Les Fugger disposent de comptoirs et de filiales à Anvers, Bruges, Gênes, Lyon, Barcelone, Rome ou Venise. Cette famille de banquiers, originaire d'Augsbourg, exploite des mines en Europe centrale, pratique le commerce de la soie, du coton et des épices et a une importante activité bancaire. On assiste à la même époque à la mise en place de nouveautés dans le domaine économique, comme les sociétés par actions, qui apparaissent à Gênes au début du XVe siècle. Elles permettent par des appels de fonds de constituer un capital dont on peut ensuite céder des parts, mais qui permet dans un premier temps d'effectuer des expéditions, par exemple. C'est le cas de la Compagnie de Moscovie, créée par des marchands anglais et qui, à partir de 1555, détient le monopole du commerce entre l'Angleterre et la Russie.

Des villes riches

Ces évolutions ont permis l'émergence de villes commerçantes riches et dynamiques, en particulier les villes hanséatiques et les villes du nord de l'Italie. En retour, de nombreux marchands investissent dans les terres. C'est donc dans les villes que s'accumulent les revenus issus de la rente foncière, du négoce et du crédit. De nombreuses villes comportent ainsi, à la

Renaissance, des élites dotées d'une forte capacité d'investissement. Les villes sont souvent également le lieu de résidence, à certains moments de l'année, de l'aristocratie et des pouvoirs princiers. Quelles en sont les conséquences pour la Renaissance ?

Villes, marchands et Renaissance

La nature des relations entre la conjoncture économique et la production artistique n'est pas facile à établir. Des villes florissantes comme Anvers, Florence ou Venise investissent largement dans les arts, tout comme des cités en déclin comme Sienne, alors qu'une cité riche comme Gênes a un faible taux d'investissement artistique. Toutefois, les villes commerçantes sont très généralement actives dans le domaine artistique. En effet, les élites urbaines (négociants comme *condottieri**) sont très souvent relativement récentes et s'efforcent donc par une surenchère somptuaire d'asseoir leur légitimité. C'est la raison de la multiplication des palais, de celui de Jacques Cœur à Bourges à celui des Strozzi à Florence. Une fois construit, le palais doit être décoré : toute la créativité de la Renaissance peut alors s'exprimer. C'est bien sûr la peinture, pour les plus riches. Mais ce sont aussi les petits bronzes, la vaisselle venue d'Italie, puis de Majorque (la majolique), et qui connaît un embellissement avec Bernard Palissy (1510-1590), qui met au point un émail au plomb. C'est aussi les merveilles de la marqueterie*, en particulier dans le *studiolo** de Federico da Montefeltro, à Urbino. La Renaissance est ainsi une période extrêmement féconde pour les arts décoratifs et la consommation de produits de luxe. Enfin, la religion catholique de l'époque, qui insiste sur les legs pieux, engendre une émulation entre les élites qui se traduit par la multiplication de somptueuses chapelles financées par de riches marchands ou banquiers (chapelles Brancacci, Médicis, Strozzi).

Un Vénitien et le commerce

Évoquant les défaites militaires de Venise de 1508, Girolamo Priuli écrit : « *Aujourd'hui, nous sommes mous, nous avons peur des coups et de la guerre. Et cela, j'en suis sûr, parce* [qu'aujourd'hui] *nous vivons* [non] *du commerce* [comme autrefois, mais] *de revenus fixes.* »

Le dynamisme économique de la Renaissance se traduit par l'explosion des commandes artistiques.

L'humanisme

L'humanisme est une notion complexe qui désigne à la fois l'étude de la pensée antique et l'affirmation de l'éminente dignité de l'homme.

Humanisme, humaniste, humanité et christianisme

Si le terme d'humanisme n'apparaît qu'au début du XIXe siècle, celui d'humaniste désigne à la Renaissance un professeur de grammaire et de rhétorique qui pratique l'étude des humanités (*studia humanitatis*). Celles-ci sont censées rendre l'homme plus humain. En effet, selon Érasme, « *les hommes ne naissent pas hommes, ils le deviennent* ». L'un des thèmes majeurs de l'humanisme est l'affirmation de la dignité de l'homme (Pic de La Mirandole, *De la dignité de l'homme*, 1486), qui a été créé libre par Dieu. Cette humanité s'acquiert par l'étude et le travail. Il y a également dans l'humanisme une dimension chrétienne qui se traduit, en particulier chez Érasme, par un regard critique sur les institutions, une dénonciation des dévotions hypocrites et la définition d'un modèle de vie chrétienne largement fondé sur l'imitation du Christ.

Mépris des scolastiques

Dans le cadre de l'affaire Reuchlin, un humaniste ironise sur le scolastique Ortvinus Gratius : « *Quand je suis allé dans votre bureau de Cologne, j'ai pu constater que vous possédiez de nombreux volumes, grands et petits. Et je vous regardais, le plumeau à la main, épousseter la poussière des reliures.* »

Humanisme et philologie

Dans sa démarche, l'humanisme s'appuie sur le retour aux sources (*ad fontes*) philosophiques et religieuses de l'Antiquité gréco-latine. En réaction à la subtilité parfois creuse de la scolastique*, l'humanisme se veut la renaissance d'une pensée claire exprimée dans un style élégant. La première démarche de l'humaniste consiste donc en un travail critique sur les textes antiques, qui doivent être dépouillés des erreurs de copie ou d'interprétation héritées du Moyen Âge. De ce point de vue, la chute de Constantinople en 1453 et l'arrivée de Grecs et de manuscrits nouveaux jouent un rôle très important dans le développement du mouvement humaniste. Le grec est en effet la langue d'Aristote et de Platon, mais aussi du Nouveau Testament. Il constitue donc la voie d'accès à deux sagesses : la païenne et la chrétienne. Lorenzo Valla (1407-1457) est le premier à appliquer les méthodes philologiques à la traduction de la Bible et à prouver que la Vulgate* a déformé le texte grec des Évangiles (*Notes sur le Nouveau Testament*, 1444). Les études hébraïques, moins développées, sont illustrées en particulier par l'Allemand Reuchlin (1455-1522), dont l'attaque en 1510 par les théologiens de l'université de Cologne engendre un resserrement des rangs humanistes autour de lui contre leurs ennemis, qu'ils appellent « hommes obscurs ».

Résistance aux études

L'humaniste Richard Pace rapporte les propos d'un gentilhomme : ***« Par Dieu, je préférerais voir mon fils pendu plutôt que passionné par les études. L'étude de la littérature devrait être laissée aux fils de paysans. »***

Un humanisme éclaté

L'humanisme est contraint de déborder le milieu universitaire, largement sclérosé par la scolastique, et s'exprime donc très largement dans les marges de l'institution. Il est le fait de cercles comme celui de Ficin à Florence, du franciscain Jean Vitrier à Saint-Omer ou des ateliers d'imprimeurs comme celui d'Aldo Manuzio (1450-1515) à Venise. Par ailleurs, l'importance des échanges épistolaires constitue une véritable République des lettres. Il ne faut pas s'exagérer cependant l'unité du mouvement humaniste. Il s'agit d'un mouvement éclaté qui s'intéresse aussi bien à l'Antiquité païenne qu'au christianisme, à la kabbale (la tradition juive occulte) qu'à la philosophie néoplatonicienne. Par la suite, d'ailleurs, cette diversité n'ira qu'en s'accentuant. Au néoplatonisme succède un renouveau de l'épicurisme, du scepticisme et surtout du stoïcisme. Ce dernier est illustré en particulier par Juste Lipse, qui dans *De la constance* (1583), insiste sur la nécessité de la maîtrise de soi face à l'adversité.

La Renaissance voit l'humanisme jeter les bases d'une culture européenne qui est restée indiscutée jusqu'au XXe siècle.

Diffusion de l'humanisme

Apparu en Italie, l'humanisme se diffuse à partir du XVe siècle dans le reste de l'Europe. Il s'enrichit alors des particularités nationales.

Les débuts de l'humanisme en Italie

Pétrarque (1304-1374) peut être pris comme point de départ de l'humanisme. Poète, érudit et philosophe passionné de culture romaine, il exerce une influence énorme sur les siècles qui suivent sa mort. Après lui, Florence s'impose comme un centre très influent, autour du chancelier Coluccio Salutati (1331-1406). C'est à cette époque que l'on érige Cicéron comme modèle, à la fois pour son latin élégant et pour son discours sur l'engagement du citoyen dans les affaires de la République. Après eux, toujours à Florence, s'affirment le néoplatonicien Marsile Ficin (1433-1499) – qui s'efforce de faire la synthèse de la pensée platonicienne et du christianisme – et le philosophe Pic de La Mirandole (1463-1494), qui écrit *De la dignité de l'homme* et cherche à résumer tout le savoir connu en 900 thèses.

Mathias Corvin (1458-1490)

Roi de Hongrie, prince humaniste, il possède une bibliothèque de plus de 2 000 volumes (la Bibliotheca Corvina). Il attire auprès de lui de nombreux Italiens et fait de ses cours de Buda et de Vienne de hauts lieux artistiques et humanistes.

Diffusion de l'humanisme

L'humanisme se diffuse hors d'Italie de trois manières. Par le séjour des Italiens à l'étranger, comme le futur pape Pie II qui voyage en Europe centrale ; par le séjour des étrangers en Italie, comme les 350 étudiants anglais qui séjournent à Padoue entre 1485 et 1603 ; enfin, par le développement de l'imprimerie. Dès le début du XVIe siècle, l'Italie perd la suprématie dans le domaine des études humanistes. En Angleterre, l'humanisme, marqué par les figures de John Colet (1467-1519) et de Thomas More (1478-1535), insiste sur la pédagogie. En France, la protection royale encourage les travaux de Guillaume Budé (1468-1540) et Lefèvre d'Étaples (1450-1536) et se traduit par la création du Collège de France en 1530. En Espagne, l'humanisme est précoce et dynamique (protection du chancelier Cisneros, ouverture de l'université trilingue d'Alcalá en 1509), marqué par un intérêt pour l'histoire nationale mais gêné à partir de 1520 par le développement de l'Inquisition, qui conduit Juan Luis Vives (1492-1540) à l'exil. En Allemagne, l'humanisme est imprégné des enjeux religieux et nationaux. En Pologne et en Hongrie, le clergé local ayant séjourné à Rome diffuse l'humanisme italien jusqu'à Cracovie et Buda.

Scolastique ou humanisme ?

L'humaniste Juan Luis Vives a rapporté ses hésitations entre la scolastique et l'humanisme : « *Souvent je détournais* [des études humanistes] *le cours de mes pensées pour revenir aux manières* [scolastiques] *d'autrefois, pour tenter de me convaincre que je n'avais pas gaspillé tant d'années à Paris.* »

Érasme, l'hyperhumaniste

Le Néerlandais Érasme (1469-1536), « prince des humanistes », domine le premier tiers du XVIe siècle. Il constitue un bon résumé des combats de l'humanisme de la Renaissance. D'un côté, il dénonce les abus de l'Église (*Éloge de la folie*, 1511) et l'héritage scolastique*. De l'autre, il s'inspire de l'Antiquité païenne (Cicéron, Lucien) aussi bien que chrétienne (en éditant le Nouveau Testament et les textes des Pères de l'Église). Il s'attache à la diffusion du message chrétien et se fait le défenseur de la *philosophia Christi* (philosophie du Christ). Dans le *Manuel du chevalier chrétien* (1503), il propose un guide de vie chrétienne pour les fidèles. Il incarne également les tensions entre l'humanisme et la Réforme protestante, comme dans la polémique de 1524-1525 sur le libre arbitre qui l'oppose à Luther. Grammairien et réformateur, érudit et philosophe, il incarne bien les enjeux du mouvement humaniste au XVIe siècle.

L'humanisme est un mouvement européen extrêmement riche qui se caractérise par sa réaction à la scolastique et une volonté générale de réforme qui n'exclut pas des particularités nationales.

La révolution de l'imprimé

Entre 1452 et 1456, Gutenberg imprime à Mayence la « Bible aux 42 lignes ». Cet événement va bouleverser l'histoire de l'Europe.

Des innovations techniques

L'imprimerie repose sur quelques innovations techniques. C'est d'abord celle du papier, apparu en Italie au XIIe siècle, qui présente l'avantage d'être léger et de pouvoir être produit en grandes quantités. C'est ensuite celle de l'encre grasse (qui n'est pas bue par le papier). C'est enfin celle des caractères mobiles et de la presse. Les caractères mobiles sont fabriqués en trois temps. Un *poinçon* (pièce d'acier dur sur laquelle est gravée une lettre) frappe une *matrice* (dans un métal plus tendre) dans laquelle seront coulés les *caractères*. Ces derniers sont ensuite alignés dans un *composteur*, où ils forment une *ligne*. Les différentes lignes sont alors assemblées sur une *galée*, elle-même placée dans une *forme*, qui est encrée. La dernière étape consiste à effectuer, sur cette *forme*, une forte pression homogène avec une *presse* sur un support d'impression (papier ou parchemin). Gutenberg n'a, à proprement parlé, inventé aucune de ces techniques : il a su les combiner, tandis que sa formation d'orfèvre était indispensable pour pouvoir sculpter les poinçons.

Un imprimeur humaniste

Après un parcours d'étudiant puis de professeur, Aldo Manuzio, brillant humaniste, installe une imprimerie à Venise en 1495. Son atelier innove (il invente l'italique), mais devient également un lieu de rencontre pour les humanistes venus de toute l'Europe.

Un contexte favorable : l'Europe du livre

L'imprimerie apparaît en Europe dans un contexte très favorable. En effet, la constitution d'ensembles géographiques à forte densité humaine (l'axe rhénan) et la multiplication des lisants-écrivants engendrent une forte demande de la part des universités, des écoles, du clergé, mais aussi d'un nombre de plus en plus important de laïcs. La diffusion de l'imprimerie en Europe est donc rapide et massive. En 1470, 16 villes ont une imprimerie (10 en Allemagne et 4 en Italie). Trente ans plus tard, on compte 4 centres majeurs (Paris, Cologne, Rome et Venise), une dizaine de centres moyens et 200 petits centres. À la même époque, c'est déjà 6 millions de livres qui sont sortis des presses pour un total de 40 000 éditions. Entre 1450 et 1600, c'est plus de 200 millions de livres qui seront imprimés. Le contenu, au départ essentiellement latin et religieux (les trois quarts), évolue progressivement vers des œuvres littéraires en langue vulgaire. Les imprimeurs, itinérants au départ (comme Johan Neumesteir, qui a travaillé avec Gutenberg), se sédentarisent ensuite (Aldo Manuzio à Venise, les Froben à Bâle). Ils sont souvent très liés aux auteurs qu'ils publient et sont eux-mêmes des humanistes.

Des imprimeurs engagés

Très rapidement, des imprimeurs mettent leur savoir-faire au service des idées de la Réforme, comme Simon de Colines ou Simon du Bois. Certains sont même contraints de fuir vers la Suisse, comme Robert Estienne, qui part à Genève en 1550.

Des conséquences incalculables

Les conséquences de l'imprimerie sont inestimables. Elle agit comme un accélérateur exceptionnel dans la propagation des informations. Jusque-là, les idées nouvelles étaient gênées dans leur diffusion par des limites physiques (le temps de la copie et le nombre de moutons nécessaires à la fabrication des parchemins : 150 moutons pour une Bible). Avec les caractères mobiles et le papier, les idées neuves (des humanistes, puis des réformateurs) se propagent très vite. Cette situation nouvelle encourage le souci du contrôle de la chose écrite, en particulier lorsqu'elle traite de matière religieuse. Progressivement, la censure et le contrôle des publications se met en place (multiplication des index des livres prohibés, dès 1521 en Espagne).

L'apparition de l'imprimerie est un événement exceptionnel dans l'histoire de l'Occident. Liée à des innovations techniques, elle a profondément modifié le cours de la pensée et de la culture occidentales.

L'Église catholique de la Renaissance

Moines dévergondés, papes empoisonneurs, prêtres corrompus : l'Église de la Renaissance a du mal à se défaire d'un certain nombre d'images fortes.

> **Miracles**
> **Suite à un miracle attribué à la Vierge à Ratisbonne (Allemagne), 109 198 médailles de plomb et 9 763 médailles d'argent sont vendues à l'effigie de la Vierge en une seule année (1520).**

L'affirmation de la papauté

La papauté est traversée à la Renaissance par de fortes contestations. Après le Grand Schisme (1378-1417), qui a vu la coexistence de deux papes, le pouvoir pontifical est remis en cause par le conciliarisme*, qui place le concile* au-dessus du pape. Par divers moyens, la papauté s'efforce donc d'affirmer son pouvoir. Cela passe d'abord par le développement d'une bureaucratie efficace et par l'affirmation du pouvoir temporel de la papauté, c'est-à-dire des États de l'Église. La période est ainsi traversée par une série de papes forts qui affirment leur pouvoir personnel. Le plus célèbre d'entre eux est peut-être Jules II (1503-1513), le pape guerrier, qui renforce l'autorité pontificale en allant jusqu'à prendre la tête de ses armées, au grand scandale d'Érasme. Cette reprise en main va de pair avec le népotisme, qui transforme le trône de saint Pierre en un patrimoine que s'échangent quelques grandes familles italiennes qui s'efforcent de placer les membres de leur clan non seulement sur le trône de saint Pierre et à des postes clés de la curie, mais encore à la tête des principautés italiennes. Si la Renaissance est une époque faste pour les papes, elle l'est aussi pour les cardinaux. Entourés d'une cour brillante, ils se font bâtir des palais splendides et jouent un rôle essentiel de mécénat artistique en même temps qu'ils défendent les intérêts des familles dont ils sont issus.

Raphaël, *Portrait de Jules II*, 1512. Jules II veut consolider les États pontificaux, mais il est aussi un important mécène : il fait construire Saint-Pierre de Rome et soutient Bramante, Raphaël et Michel-Ange.

La religion flamboyante

Le climat religieux de la Renaissance est complexe : il mêle une angoisse de la fin des temps et du salut individuel à une pastorale rassurante qui expose les moyens de lutter contre la damnation de l'âme. C'est la « religion flamboyante » : une religion collective, qui mêle processions, prières, messes pour les morts, bonnes œuvres et pèlerinages. Organisée souvent au sein de confréries*, elle insiste sur l'humanité du Christ, mais aussi sur les figures protectrices de la Vierge et des saints. Les manifestations d'une dévotion collective n'excluent donc pas l'insistance sur le rapport direct et personnel du fidèle et de son créateur-sauveur.

Clément VII (1478-1534)

Petit-fils de Laurent de Médicis, c'est un pape humaniste qui fait travailler Raphaël et Michel-Ange. Son pontificat (1523-1534) est marqué par la montée du protestantisme, l'excommunication d'Henri VIII et le sac de Rome (1527) par les troupes de Charles Quint.

Une Église décadente ou aspirant à la réforme ?

On a longtemps insisté sur les abus de l'Église de la Renaissance (prêtres indignes et absents, Église prédatrice). Sans nier ces disfonctionnements, on insiste davantage aujourd'hui sur l'aspiration de l'Église renaissante à la réforme. De nombreux réguliers* souhaitent un retour à l'observation de la règle originelle de leur ordre. Des évêques insistent sur la nécessité de résider dans leur diocèse, de visiter leurs paroisses et de prêcher la parole de Dieu. Enfin, à partir de la fin du XVe siècle, la papauté prend en charge la réaffirmation des dogmes catholiques. C'est d'abord la mise en place de l'Inquisition en Espagne, avec l'appui du pape, à partir de 1478, puis à Rome, avec la création de l'Inquisition romaine à partir de 1542. Ensuite, la papauté, prenant en considération la menace protestante, s'efforce de clarifier de manière cohérente le dogme catholique. Entre 1545 et 1563 sont débattues à Trente les questions sur le péché originel, la justification*, les bonnes œuvres ou encore l'eucharistie*.

En réaffirmant avec vigueur et précision le dogme catholique et en cherchant à discipliner l'Église et les fidèles, la Réforme catholique de la Renaissance jette les bases du catholicisme des siècles à venir.

Renaissance et Réforme

Au XVIe siècle, à partir de Martin Luther, s'affirme un mouvement radical de contestation de l'Église catholique qui aboutit en quelques années à la création d'une Église nouvelle.

Les origines de la Réforme

La Réforme est le fruit d'une conjonction de facteurs. Il y a d'abord une volonté de réforme au sein même de l'Église dont témoigne un mouvement conciliaire* déjà ancien. Il y a ensuite les recherches des humanistes qui affirment qu'il faut ramener l'Église à la pureté de la règle originelle. Il y a également un courant de spiritualité comme la *devotio moderna** qui insiste sur la piété personnelle et sur l'imitation du Christ. Il y a enfin une angoisse pour le salut de l'âme partagée par de nombreux chrétiens, au premier rang desquels on trouve Martin Luther (1483-1546). Il ne faut pas s'exagérer en revanche le rôle des abus de l'Église catholique. Des études ont en effet montré l'attachement des fidèles à leur clergé, notamment en Angleterre.

Renaissance, humanisme et réformes religieuses

La Réforme est clairement marquée par des problématiques renaissantes. Ainsi du souci d'un retour aux sources que l'on trouve chez les ordres mendiants, désireux de vivre selon la règle de leurs fondateurs, aussi bien que chez un réformateur comme Luther, désireux de s'appuyer sur la lettre de l'Évangile. Il y a ensuite le souci pédagogique, qui traverse toute la période et qui est très fort parmi les réformateurs (lesquels publient de nombreux catéchismes*). Enfin, plus généralement, les liens entre la

La conscience de Luther

Le 18 avril 1521, Luther, enjoint de se rétracter, en appelle à sa conscience et à l'infaillibilité de l'Écriture sainte :
« Tant que ma conscience est captive de la Parole de Dieu, je ne puis ni ne veux rien rétracter, car il n'est ni sûr ni salutaire d'agir contre sa conscience. Que Dieu me soit en aide. Amen. »

Réforme et l'humanisme sont très forts. L'humanisme a joué un rôle dans l'apparition de la Réforme en créant un contexte de réflexion théologique, de contestation de l'institution ecclésiale et de renouvellement spirituel. D'ailleurs, des réformateurs de premier plan comme Melanchthon, disciple de Luther, ou Jean Calvin sont des humanistes qui se servent des philosophes païens de l'Antiquité pour élaborer leur réflexion théologique. Toutefois, les divergences existent. Ainsi, le moteur de la Réforme luthérienne est le souci de se rassurer face à l'angoisse du salut, ce qui n'est pas la préoccupation première des humanistes. Par ailleurs, face au pessimisme augustinien* et au rejet radical de l'institution ecclésiastique, de nombreux humanistes (au premier rang desquels on trouve Érasme) ont préféré l'optimisme sur la liberté humaine et la fidélité à une institution qui devait, selon eux, être réformée de l'intérieur.

Philipp Melanchthon (1497-1560)

Humaniste luthérien, il s'efforce de donner un cadre dogmatique au luthéranisme tout en minimisant les différences avec le catholicisme.

La sortie de la Renaissance religieuse

À partir de la décennie 1520, on entre dans ce qu'on a parfois appelé la confessionnalisation. Derrière ce mot se cachent trois éléments essentiels. Tout d'abord, la constitution d'Églises nouvelles. Parmi elles, on peut distinguer les Églises réformées (luthérienne, calviniste, anglicane), mais aussi l'Église catholique rénovée par le concile* de Trente (1545-1563). Toutes ces Églises sont fondées sur des textes normatifs. C'est ensuite le développement de pratiques religieuses nouvelles (pour les protestants) et la réaffirmation de pratiques anciennes (pour les catholiques). C'est enfin le sentiment de plus en plus marqué d'identification des individus à un groupe religieux : l'identité politique ou nationale se double alors d'une identité confessionnelle. Ainsi, la position d'entre-deux qui caractérise de nombreux humanistes, qui ne se veulent ni catholiques ni protestants, n'est plus possible.

La Renaissance est marquée, dans le domaine religieux, par la personne de Martin Luther, qui, dans un contexte d'aspiration à la réforme de l'Église, a mis un terme à l'unité religieuse de l'Occident et a redessiné la carte et l'avenir religieux de l'Europe.

La Renaissance de la peinture

Au Moyen Âge, les personnages peints sont souvent passifs et superposés à un arrière-plan généralement vide. Tout change à la Renaissance. Dans les Flandres et en Italie du Nord, on assiste alors à l'affirmation de la perspective, du réalisme et de l'humanité des visages.

L'influence flamande sur la peinture italienne

« Les princes, les marchands et les cardinaux italiens commandaient et collectionnaient les tableaux flamands, invitaient les peintres flamands à venir en Italie et envoyaient parfois leurs protégés italiens se former aux Pays-Bas. »
(E. Panofsky)

Perspective, réalisme et humanité des visages

Les corps sont désormais peints en trois dimensions, les visages sont très expressifs et les silhouettes sont intégrées dans un espace cohérent. En Italie, l'architecte Brunelleschi le premier exalte le modèle antique et fixe les règles de la perspective, puis Alberti les théorise dans le *De pictura* (1435). Masaccio (1401-1428) symbolise la rupture. Dans les fresques de la chapelle Brancacci, il applique scrupuleusement les principes de la perspective en conférant par un jeu d'ombre et de lumière tout le volume nécessaire aux personnages qu'il place dans un décor antique. Son influence est très forte sur des artistes comme Piero Della Francesca (1415/20-1492) ou Mantegna (1430/31-1506). Tandis qu'en Italie le renouveau de l'art se développe au sein d'une réflexion globale qui intègre aussi bien la peinture que l'architecture ou la sculpture, les Flamands ne produisent pas de théorie.

De nouveaux genres

La peinture de la Renaissance développe quelques thèmes privilégiés. Il y a tout d'abord, héritage médiéval, les sujets religieux : annonciations, rois mages, crucifixions, vies de saints. La Renaissance introduit aussi des sujets païens de plus en plus nombreux. Botticelli (1445-1510) peint des sujets mythologiques

(*La Naissance de Vénus*), tandis qu'Albrecht Altdorfer (1480-1538) pratique la peinture historique avec *La Bataille d'Alexandre à Issos* (1529). C'est également l'apparition des paysages, comme dans l'arrière-plan de la *Vierge au chancelier Rolin* de Van Eyck (1430), et aussi l'âge d'or du portrait, en France avec les Clouet, en Angleterre avec Holbein, en Allemagne avec Dürer, en Italie avec Moroni. Enfin, la Renaissance développe un discours symbolique de plus en plus subtil. Certains tableaux constituent de véritables allégories (sur la mort, l'amitié, la religion, etc.).

La peinture de la Renaissance vue par Vasari

« À cette époque, des artistes accomplis se sont fixé pour tâche une étude intelligente et une imitation zélée des véritables propriétés du monde naturel. »

Conditions de production de l'œuvre d'art et statut de l'artiste

La plupart des œuvres de la Renaissance sont produites, comme au Moyen Âge, dans un atelier organisé autour du maître et de quelques apprentis. Il n'est d'ailleurs pas toujours facile de savoir ce que les œuvres ainsi produites doivent respectivement au maître et à ses élèves. La nouveauté à la Renaissance réside dans l'amélioration du statut du peintre, qui, d'artisan, devient artiste. On voit apparaître la notion de génie individuel. On exalte le pouvoir de création de l'artiste qui le rapproche de Dieu (Michel-Ange est surnommé « le divin ») et l'éloigne de l'habileté mécanique de l'artisan. Le regard sur les artistes évolue : Titien est fait chevalier par Charles Quint en 1532. Les artistes eux-mêmes se mettent en valeur : Léonard de Vinci assimile le peintre au poète, Dürer, dans ses autoportraits, s'apparente au Christ. Enfin, la naissance de l'histoire de l'art entérine le prestige nouveau de l'artiste avec, en particulier, les *Vies des peintres illustres* de Vasari. Toutefois, les artistes travaillent encore largement à la commande, ce qui est assez contraignant. Lorsque le cardinal Granvelle commande un portrait du Christ à Titien, il lui écrit « *avant tout, je voudrais qu'il ait un beau visage, à la fois doux et délicat, comme vous savez les faire* ».

La peinture de la Renaissance correspond à un bouleversement dans ses techniques, ses sujets et ses modes de production.

Renaissance et maniérisme

Raphaël,
La Transfiguration,
1517-1520.

La peinture de la Renaissance italienne se traduit par des réalisations fort différentes et voit progressivement l'affirmation de styles (maniera) personnels.

Variété de la peinture italienne à la Renaissance

On peut opposer l'école florentine, qui insiste sur le dessin (*disegno*), à l'école vénitienne, qui privilégie, elle, la couleur (*colorito*). Pour des théoriciens comme Vasari, le dessin, qui repose sur une compétence mathématique, permet le respect de la perspective : c'est lui qui garantit la vérité dans l'art. À l'inverse, les Vénitiens sont influencés par les possibilités offertes par la technique de peinture à l'huile en matière de propagation de la lumière. Dans un cas, on dessine, puis on colorie. Dans l'autre, c'est la couleur qui est motrice, à tel point que l'on a parfois l'impression que la lumière émane des formes. Ainsi, Michel-Ange, évoquant Titien (1489-1576), le grand peintre vénitien, aurait loué « *l'allant de sa peinture mais* [déploré] *l'insuffisance de ses dessins* ».

François Ier et le maniérisme

Le maniérisme s'affirme comme le courant dominant en France avec Rosso Fiorentino et Primatice. François Ier les fait venir pour décorer son château de Fontainebleau, se démarquant ainsi avec vigueur de la tradition française et se plaçant en pointe des courants artistiques du temps.

L'exaltation de la manière ou l'affirmation d'un style personnel

Après les premiers temps de la Renaissance, on passe progressivement dans ce qu'on a appelé le maniérisme. Il s'agit d'une notion complexe. Le maniérisme remet en cause les règles qui ont été définies par la première Renaissance. Il naît de l'émulation qui lie les « trois génies de la Renaissance », Léonard de Vinci (1452-1519), Michel-Ange (1475-1564) et Raphaël (1483-1520), et qui produit ce qu'on appelle la « *bella maniera* ». Il y a dans le maniérisme une remise en cause de l'art comme illusion, l'idée que l'art doit cesser d'imiter la nature. Il privilégie le mouvement au détriment de l'immobilité. Le maniérisme rejette les harmonies paisibles, la représentation naturaliste des visages et des attitudes humaines ainsi que l'organisation logique de l'espace. On peut ainsi opposer chez Raphaël la classique *École d'Athènes* (1511), à la composition rigoureusement équilibrée et statique, à la ténébreuse et dramatique *Transfiguration* (1517-1520), qui frappe par un désordre grandiloquent et une organisation de l'espace défiant la raison.

Maniérisme et architecture

On a parfois dit que Michel-Ange inventait des difficultés pour se donner le plaisir de les résoudre, comme en témoigne la complexité structurelle de l'escalier de la bibliothèque Laurentienne à Florence, dont les différentes composantes ne correspondent à rien de connu.

Le triomphe du maniérisme

À la suite de Raphaël et de Michel-Ange, le maniérisme s'impose progressivement en Italie. Parmi ses illustrateurs les plus importants, on peut citer Rosso Fiorentino (1494-1540), le Parmesan (1503-1540) et Francesco Salviati (1510-1563). Le premier, dans *Moïse et les filles de Jéthro* (1524), peint le combat qui oppose Moïse aux bergers avec une véhémence inhabituelle, surchargeant son tableau de corps déformés. Le deuxième, dans *La Madone au long cou* (1530-1540), propose une Vierge magnifique au cou, aux doigts et au torse démesurément longs. Le dernier, dans ses fresques, laisse libre cours à son refus de la cohérence classique en plaçant côte à côte scènes bibliques et scènes triviales. Le maniérisme domine l'art italien jusqu'au Caravage (1573-1610). Ce dernier y met un terme en créant un style original. Partisan d'un réalisme puissant et d'une simplification des formes, il utilise des éclairages dramatiques qui mettent en valeur l'essentiel et saisissent les gestes dans leur dimension immédiate et éphémère. Il traite de manière réaliste et quotidienne les thèmes sacrés.

Le maniérisme est une étape nouvelle de la Renaissance artistique qui remplace la simplicité, l'équilibre et la dignité par la complexité, le dynamisme et les effets de surprise.

Diffusion, réception et adaptation de la Renaissance artistique

L'un des enjeux les plus intéressants et les plus délicats de l'étude de la Renaissance artistique est celui des relations entre les Renaissances italienne et flamande et le reste de l'Europe.

F. Braudel et la diffusion de la Renaissance italienne

« On n'a pas encore écrit l'histoire complète de la diffusion des biens culturels à partir de l'Italie, qui éclairerait dons et transferts d'une part, acceptations, adoptions, adaptations et refus de l'autre. »

Problèmes théoriques

On a longtemps parlé de la Renaissance en terme de « diffusion ». C'est gommer le processus d'assimilation et donc de transformation et d'adaptation dont les nouveautés flamandes et italiennes ont été l'objet. Derrière toute réception, qu'elle soit d'acceptation ou de rejet, il y a toujours une création. La pluralité des modes d'appropriation des nouveautés est fonction du nombre d'individus qui se les approprient. La métaphore de la greffe s'applique particulièrement à une époque passionnée de jardinage : la greffe suppose en effet la transformation de ce qui est reçu.

P. Burke et la réception de la Renaissance italienne

« Les théoriciens actuels de la réception estiment que tout ce qui est transmis change nécessairement au cours de la transmission. »

Renaissance picturale, de l'Allemagne au Portugal

C'est peut-être en Allemagne que la complexité de la réception de la Renaissance italienne est la plus marquée. Tandis que l'imitation de l'Antiquité apporte à la peinture italienne sérénité et harmonie, la peinture allemande reste largement médiévale, ce qui se traduit par une iconographie dramatique, une sensibilité tragique et expressionniste. Le *Retable d'Issenheim* (1515) de Matthias Grünewald (1475/80-1528) est bien représentatif de cette situation. Il est marqué par la maîtrise de la perspective, un sens aigu des détails et un très grand réalisme dans les drapés. Il se distingue en revanche de la peinture italienne par le réalisme macabre et cru : le corps du Christ est verdâtre comme celui d'un cadavre et porte des traces de coups, sa bouche est ouverte. Hans Holbein (1497-1543), peintre allemand qui termine sa carrière comme peintre à la cour d'Angleterre, est marqué à la fois par le réalisme allemand et par les théories italiennes de l'anatomie et de la technicité (cf. l'anamorphose* des *Ambassadeurs*, 1533). Au Portugal, l'influence flamande est très nette sur un peintre comme Nuno Gonçalves, qui peint en 1470 un triptyque pour la cathédrale de Lisbonne remarquable par la rigueur de sa composition et l'humanité de ses personnages. En Espagne, le conservatisme des commanditaires (particuliers et Église) empêche des peintres comme Alfonso Berruguete (1490-1561) ou Pedro Machuca (v. 1490-1550), pourtant formés en Italie, d'introduire de manière durable les innovations renaissantes.

Mathias Grünewald, *Retable d'Issenheim*, 1515.

Des génies non italiens

Le propre de certains peintres d'exception est d'avoir su effectuer des synthèses. C'est le cas d'Albrecht Dürer (1471-1528), qui sait allier la tradition allemande à l'assimilation des courants flamand et italien. Maître de la perspective, il est en même temps un peintre réaliste (cf. la place de la nature dans son œuvre) et humaniste, marqué par les tensions philosophiques et religieuses de son temps. Le Greco (1541-1614) est un autre exemple de l'irréductibilité du génie. Peintre crétois, il séjourne en Italie, puis s'installe en Espagne. L'influence flamande est manifeste dans sa *Vue de Tolède* (1597). Il reconnaît par ailleurs l'influence italienne en introduisant les visages de Titien, Raphaël et Michel-Ange dans la *Purification du Temple* qu'il réalise à Rome. Toutefois, il est connu avant tout pour l'originalité de son style, qui se traduit par l'élongation des visages, une grande intensité religieuse, des couleurs sombres et une luminosité d'orage.

La peinture de la Renaissance, dominée par l'Italie et les Flandres, ne doit pas masquer l'existence de génies épars irréductibles aux deux grands modèles.

L'architecture de la Renaissance

Dans la hiérarchie des arts à la Renaissance, le premier rang est accordé à l'architecture.

Le retour à l'Antiquité

Dans le désir de retour à l'Antiquité, l'architecture bénéficie de deux particularités par rapport aux autres arts : la survivance d'édifices romains et l'existence du traité de Vitruve, architecte du Ier siècle de notre ère. Vitruve évoque un personnage inconnu du Moyen Âge : l'architecte. Tandis que le maître d'œuvre médiéval, généralement maître maçon, était un opportuniste qui partait d'indications générales puis adaptait le bâtiment aux circonstances, l'architecte fonde sa pratique sur des principes établis à l'avance. De ce point de vue, Brunelleschi (1377-1446) et Alberti (1404-1472) sont les premiers architectes. Ils affirment quelques principes essentiels. D'abord la pureté et la simplicité que l'on peut opposer au flamboiement du dernier gothique. Ensuite la régularité, la symétrie, l'harmonie des proportions et le rythme de la composition. Pour cela, l'architecture dispose d'un langage nouveau (dont les mots sont les ordres* : toscan, dorique, ionique, corinthien et composite) et d'une grammaire qui précise les rapports entre les ordres. Sebastiano Serlio (1475-1554), avec ses *Principes généraux d'architecture conformes à l'enseignement de Vitruve*, joue un rôle tout à fait déterminant. Il faut toutefois fermement rappeler que l'art gothique reste dominant en Europe au moins jusqu'au milieu du XVIe siècle.

Brunelleschi, le dôme de la cathédrale de Florence, 1417-1446 : son édification a demandé la mise en œuvre d'innovations architecturales importantes (superposition de deux voûtes octogonales, assises de briques disposées en arêtes de poisson).

Les réalisations de la Renaissance

Comme au Moyen Âge, les architectes bâtissent avant tout des églises, des palais et des châteaux. Les églises sont marquées par le plan centré surmonté d'une coupole imposante sur le mode antique (cathédrale de Florence ou Saint-Pierre de Rome). Les nouveaux palais se distinguent par leur façade régulière, comme celui des Rucellai à Florence réalisé par Alberti (1446-1456). Parmi les immenses châteaux de la Renaissance, on peut retenir celui de Chambord, qui allie un plan de château fort à des virtuosités renaissantes comme les deux escaliers entrelacés. L'Italie introduit une innovation importante : la villa. L'architecte Palladio (1508-1580) crée le style de la villa palladienne en organisant l'espace autour d'un salon en rotonde et en faisant précéder l'entrée de colonnes surplombées d'un portique.

Prestige de l'architecture

Lorsque Cosme de Médicis se fait représenter en mécène, il se montre entouré essentiellement d'architectes, bien qu'il ait protégé de très nombreux sculpteurs et peintres.

Vasari et l'architecture italienne de la Renaissance

Il affirme que les bâtiments italiens ***« sont bien conçus, bien réalisés, bien proportionnés, bien dessinés : ils ont du style ».***

Les variantes nationales

La diffusion de l'architecture classique n'est pas homogène. En France, Serlio dessine les plans du château d'Ancy-le-Franc (1544-1550) à la mode italienne, tandis qu'avec Philibert De l'Orme (1514-1570) s'affirme une synthèse entre les principes italiens et le savoir-faire français. En Angleterre, un architecte comme Robert Smythson (1535-1614) adapte les enseignements italiens. Lorsqu'il réalise pour sir Francis Willoughby le château de Wollaton Hall (1588), il effectue une audacieuse synthèse entre le puissant château médiéval et le lumineux palais renaissance. Au Portugal, l'art manuélin, illustré par le couvent des hiéronymites de Belém, près de Lisbonne, est marqué par une belle indépendance à l'égard des modèles portugais aussi bien qu'italiens : il constitue une synthèse exubérante du gothique flamboyant, de l'art mudéjar (hispano-arabe) et des motifs à l'italienne exaltant l'empire maritime portugais par la représentation d'aussières, de cabestans et de coraux.

Le renouveau de l'architecture à la Renaissance est un mélange de retour à l'Antiquité, d'affirmation de la spécificité nationale et de bouleversement du contexte d'élaboration avec l'affirmation de la figure nouvelle de l'architecte.

La sculpture de la Renaissance

La Renaissance est marquée, dans le domaine de la sculpture, par toute une série d'innovations qui proviennent presque toutes d'Italie. En effet, à la différence de ce qui se passe pour la peinture, le nord de l'Europe ne connaît pas de grandes mutations dans ce domaine.

Les innovations

En Italie, Lorenzo Ghiberti (1378-1455) exécute les décors sculptés des portes de bronze du baptistère de Florence. À sa suite, le sculpteur Donatello (1386-1466) s'illustre dans le relief méplat : à partir d'une surface presque plate, il réalise une perspective très proche de celle créée par la peinture et donne l'illusion de vastes espaces. Dans un genre différent, la sculpture monumentale connaît aussi un renouveau, en particulier avec Michel-Ange. Les Italiens sont également très créatifs dans le domaine des sculptures de terre cuite. La famille Della Robbia allie à une qualité de modelage inhabituelle une technique qui permet d'émailler ses sculptures. Le stuc, qui se développe dans la décennie 1430 avec Donatello, connaît son apogée en France lors du programme du château de Fontainebleau. Enfin, les progrès dans les procédés de fonte du bronze ouvrent les portes de la célébrité à des sculpteurs qui n'officient pas sur pierre, en particulier les orfèvres. Là encore, Donatello s'illustre, en particulier avec son *David* (1430). Par ailleurs, le bronze permet la production rapide de petites statuettes ou de médailles dans lesquelles s'illustre le peintre Pisanello (v. 1395-v. 1456).

Pie II (1458-1464) et la sculpture de la Renaissance

Évoquant les sculptures de la cathédrale d'Orvieto, Pie II s'exclame : *« Les visages sortent du marbre comme s'ils étaient vivants, et les corps de l'homme et des bêtes sont si bien rendus que l'art semble avoir égalé la nature. Il ne leur manque que la parole pour être vivants. »*

Statues équestres et fontaines

L'influence antique dans la sculpture se traduit par des genres nouveaux comme celui de la statue équestre, sur le modèle de celle de Marc Aurèle à Rome. On peut citer celle du condottiere* au service de Venise, Bartolomeo Colleoni (réalisée de 1479 à 1488), ou celle de Cosme de Médicis sur la Piazza della Signoria, à Florence, emblématique de la domination des Médicis sur un espace symbolique de l'ancienne République. Il n'est pas jusqu'à Henri IV qui ne dispose de sa statue équestre à l'entrée du Pont-Neuf. Le modèle antique est également très net dans les sculptures de Michel-Ange, en particulier dans son *David*, commandé en 1501 par la République florentine, sans doute pour personnifier les vertus civiques. La Renaissance est enfin l'époque des fontaines, comme la fontaine de Neptune, à Bologne, ou la fontaine des Innocents, à Paris.

Claus Sluter (v. 1350-1406)

Exceptionnel sculpteur néerlandais, actif à Dijon, dont le style expressif et réaliste, opposé à l'héritage gothique, préfigure le réalisme et la puissance de Donatello et Michel-Ange.

Le siècle de la sculpture française

La France, qui ne connaît pas de peintres de premier plan à la Renaissance, se signale en revanche par l'activité de quelques sculpteurs exceptionnels. Déjà, à la fin du XVe siècle, la mode essentiellement française des mises au tombeau, comme celles de l'abbaye de Solesmes ou de la chapelle Saint-Jacques de Monestiès, témoigne de la vitalité de la sculpture française. On retiendra pourtant surtout deux noms : Jean Goujon (1510-1566) et Germain Pilon (v. 1528-1590). Le premier est célèbre pour ses nymphes merveilleusement fluides et légères qui personnifient admirablement l'eau dont elles constituent une allégorie. Le second, par un retour audacieux au naturalisme de la fin du XVe siècle, s'éloigne de la distinction mesurée de l'art classique et ouvre la voie au baroque. L'école française influence certaines régions d'Angleterre. Ainsi, à Winchester, un atelier de sculpture décorative travaille à la française dès la première moitié du XVIe siècle.

La Renaissance correspond à l'épanouissement de la sculpture, aussi bien en terre cuite qu'en bronze ou en pierre.

La littérature de la Renaissance

La Renaissance est marquée par un contexte qui influence la création littéraire : le retour à l'Antiquité, la naissance de l'imprimerie, l'éclosion de la culture de cour, les réformes religieuses, les affirmations nationales.

Ronsard et les poètes de l'Antiquité

« Entre Homère et Virgile, ainsi qu'un demi-dieu / Environné d'esprits, j'ai ma place au milieu. »

L'affirmation d'une conscience d'auteur

La Renaissance voit l'affirmation d'une conscience d'auteur. En France, par exemple, les poètes ne sont plus soucieux avant tout de trouver de puissants protecteurs. Ils affirment plutôt, en particulier avec Clément Marot, une nouvelle conscience d'auteur. Ils accroissent leur contrôle sur l'édition de leurs œuvres et proclament leur propriété intellectuelle sur leur production littéraire. Ces poètes de la Renaissance jettent les bases de la législation du *copyright*. Un souci identique anime à la même époque un humaniste comme Érasme.

Essor des langues vernaculaires et des littératures nationales

La littérature de la Renaissance est directement liée à la question nationale. L'époque voit en effet se réaffirmer la problématique de la *translatio studii* (transfert de la culture) qui veut que la domination culturelle passe, au cours des siècles, d'une civilisation à une autre. Dans l'Antiquité, elle était passée de la Grèce à Rome. À la Renaissance, chaque nation européenne revendique l'héritage antique. Cette tendance s'exprime en particulier dans l'affirmation des langues vernaculaires. L'exemple le plus célèbre en est la *Défense et illustration de la langue française* de Joachim Du Bellay (1549), qui exalte sa langue natale et appelle à la création d'œuvres qui dépasseraient les modèles antiques.

La poésie

D'ailleurs, Ronsard (1524-1585), dans son poème épique sur l'histoire de France, *La Franciade* (1572), s'efforce de surpasser l'*Iliade* et L'*Énéide*. De son côté, Luís de Camoens (1524-1580) donne au Portugal une épopée nationale avec *Les Lusiades*. Les poètes s'expriment aussi dans le genre plus délicat de la poésie amoureuse. Dans ce domaine, les sonnets du poète italien Pétrarque influencent aussi bien Marot (1496-1544) en France que Wyatt (1503-1542) ou Surrey (1517-1547) en Angleterre. C'est alors que Du Bellay (1522-1560) réagit à l'influence italienne, qu'il juge trop forte, et compose des sonnets en décasyllabe.

La prose

La Renaissance voit aussi l'affirmation de récits courts. Sur le modèle du *Décaméron* de Boccace (1313-1375), la Renaissance produit de nombreux recueils de nouvelles, comme l'*Heptaméron* de Marguerite de Navarre (1492-1549). Un peu sur le même ton humoristique, Rabelais (1483-1553) raconte les aventures des géants Gargantua et Pantagruel. La Renaissance est en effet une période faste pour les romans. Elle s'illustre dans les romans de chevalerie, comme l'*Amadis de Gaule* (1508), qui connaît un succès européen, mais également dans un genre nouveau, le roman picaresque, qui apparaît en Espagne avec *La Vie de Lazarillo de Tormes* (1554) et qui rapporte, sur le mode autobiographique et satirique, les errances d'un antihéros, le *pícaro* (mendiant).

Le théâtre

La Renaissance est enfin une époque faste pour le théâtre. On passe progressivement des farces, des pièces de mimes et des mystères (pièces à sujets religieux) du Moyen Âge aux comédies et aux tragédies sur le modèle antique. Pour les premières, l'influence de Plaute et de Térence est essentielle. Pour les secondes, on peut citer la *Cléopâtre captive* d'Étienne Jodelle (1532-1573), ancêtre de la tragédie classique qui s'épanouit au XVIIe siècle.

Clément Marot et la défense de ses intérêts d'auteur

« Le tort que vous m'avez fait, vous autres qui avez imprimé mes Œuvres, est si grand et si outrageux qu'il a touché mon honneur et mis en danger ma personne ; car, par avare convoitise de vendre plus cher et plut tôt ce qui se vendait assez, avez ajouté à mes œuvres plusieurs autres qui ne me sont rien. »

La Renaissance correspond pour la littérature à une période de transformations de fond tant pour le statut des auteurs que pour la nature des œuvres.

La musique de la Renaissance

La musique ne connaît pas, à la Renaissance, d'évolution aussi forte que la peinture. Toutefois, son statut change. Elle passe de la science à l'art.

Une modernité venue des Flandres

La musique de la Renaissance ne doit rien à l'Antiquité. Ce n'est qu'à partir des années 1570 que des humanistes comme le Florentin Girolamo Mei ou le Français Jean-Antoine de Baïf (1532-1589) s'efforcent de ressusciter la musique grecque antique. La musique de la Renaissance est un cas où la nouveauté vient non d'Italie, mais des Flandres, où l'on assiste à une sophistication de la polyphonie*. Les nouveautés mises au point dans les Flandres dès le XIVe siècle ont atteint ensuite la cour des papes à Avignon avant de se diffuser dans toute l'Europe. Parmi les grands compositeurs flamands de la fin du XVe siècle, le plus célèbre est Josquin Des Prez (1440-1521), qui séjourne en Provence, à Paris, à Milan, à Rome et à Ferrare. Il exerce avec ses confrères flamands une influence essentielle sur la musique sacrée aussi bien que profane. Ils composent des messes et des motets. Ces derniers sont des pièces polyphoniques dont le sujet est souvent religieux (psaumes, *Magnificat*, *Ave Maria*) et qui, de moindre ampleur qu'une messe, peuvent être exécutés dans les petites chapelles de l'élite bourgeoise ou nobiliaire. Par la suite, la nouveauté viendra d'Italie, en particulier avec la virtuosité de Giovanni Pierluigi da Palestrina (1525-1594), qui joue sur toutes les possibilités de la chorale.

Le mythe d'Orphée révélateur du statut nouveau du créateur

L'interprétation du mythe d'Orphée évolue à la Renaissance. Reconnu comme instrumentaliste au début du XVIe siècle, il est ensuite considéré comme un prophète et un philosophe.

une notion problématique | l'Europe de la Renaissance | humanisme et Réforme

Compositeurs, partitions, musique instrumentale et musique profane

Comme pour les écrivains, la Renaissance est caractérisée par la revendication par les compositeurs du statut de créateurs. La Renaissance voit également les débuts de l'imprimerie musicale (pour les partitions comme pour les écrits théoriques). Elle correspond aussi à une période d'affirmation de la musique instrumentale indépendante des modèles vocaux antérieurs et qui influencera plus tard la musique baroque. Parallèlement, la musique profane se développe. C'est le cas, par exemple, du madrigal, pièce musicale composée de plusieurs tercets accompagnés d'une mélodie. Il ne faut cependant pas s'exagérer l'unicité de la musique de la Renaissance. Ainsi, les premières années du XVIe siècle voient dans la chanson française l'émergence d'un style clair et simple qui délaisse les constructions polyphoniques savantes pratiquées à la cour de Marguerite d'Autriche.

Prestige de Josquin Des Prez

« Quand un motet fut chanté devant Madame la Duchesse* [d'Urbino]*, il ne plut à personne et ne fut pas trouvé bon, jusqu'à ce que l'on apprît qu'il était de la composition de Josquin Des Prez. » **(B. Castiglione, *Le Livre du courtisan*)**

La musique et la cour : le cas français

L'une des nouveautés de la Renaissance est que la musique s'impose comme un art de cour. À partir de la fin du XVe siècle, les chapelles princières se multiplient en Italie. Castiglione (1478-1529) affirme que le courtisan accompli doit savoir chanter et accompagner les chansons à la viole. En France, le règne de François Ier voit l'omni-présence de la musique dans la vie de cour (baptêmes, obsèques, entrées royales, bals). Les courtisans les plus importants, comme le cardinal de Lorraine, ont de nombreux musiciens à leur service. Le roi attire les plus grands compositeurs et musiciens de son temps. Parmi eux, on peut retenir Claudin de Sermisy, Sandrin, Albert de Rippe ou Clément Janequin (1485-1558).

La musique à la Renaissance, si elle ne doit rien à l'Antiquité, n'en fait pas moins preuve d'une vitalité exceptionnelle. D'abord venues des Flandres, les nouveautés sont assimilées par l'Italie, qui reprend la tête en inventant l'opéra.

Le décloisonnement des mondes

À la Renaissance, l'existence de bateaux (nefs, caravelles) dotés de jeux de voiles et de gouvernails plus efficaces en même temps que d'instruments de navigation très performants (compas*) permet la découverte de mondes nouveaux.

Un premier tour du monde

Un premier tour du monde est tenté par Magellan (1480-1521), qui appareille en août 1519. Sur les 265 hommes au départ de l'expédition, seulement 18 reviennent en Europe, le 6 septembre 1522, après être passés par le Brésil, le détroit de Magellan, les Philippines et le cap de Bonne-Espérance.

Les grandes découvertes

Les Portugais, et en particulier Henri le Navigateur (1394-1460), ont joué un rôle essentiel dans les grandes découvertes. Dès le XVe siècle, ils explorent et conquièrent les îles des Açores, de Madère, des Canaries et du Cap-Vert et établissent des comptoirs sur la côte africaine. En 1488, Bartolomeu Dias double le cap de Bonne-Espérance et ouvre la route navale des Indes. En 1497, Vasco de Gama (1469-1524) est à Goa (Inde). De son côté, Christophe Colomb (1451-1506) est convaincu qu'en raison de la sphéricité de la terre il est possible d'atteindre l'Asie par l'ouest. Parti d'Espagne le 3 août 1492, il arrive aux Bahamas le 12 octobre suivant. Ce n'est qu'en 1498, toutefois, lors de son troisième voyage, qu'il débarque sur la côte américaine. Deux ans plus tard, le Portugais Pedro Alvares Cabral (v. 1467-1520) atteint les côtes du Brésil. Dans la décennie 1520, Giovanni da Verrazano (1485-1528) et Jacques Cartier (1491-1557) explorent la côte nord-est de l'Amérique. Toutefois, si les côtes sont connues, le mystère reste total sur la profondeur des territoires qui s'étendent derrière.

Montaigne et les cannibales

Montaigne, à propos des cannibales, exprime le relativisme des cultures : *« Je trouve [...] qu'il n'y a rien de barbare et de sauvage en cette nation [...] sinon que chacun appelle barbarie ce qui n'est pas de son usage. »*

Les étapes de la conquête

Les enjeux stratégiques des grandes découvertes apparaissent clairement

lorsqu'en 1494 le traité de Tordesillas accorde aux Portugais les terres situées à l'est d'une ligne méridienne passant au large du cap Vert et aux Espagnols les terres situées à l'ouest. Toutefois, les premières conquêtes sont largement le fait de l'initiative de particuliers. C'est le cas d'Hernán Cortés (1485-1547), qui, entre 1519 et 1521, exploitant le choc microbien* qui décime les Amérindiens, conquiert l'empire aztèque avec 600 hommes. À sa suite, Francisco Pizarro (1476-1541) s'empare entre 1524 et 1535 de l'empire inca. Assez rapidement, la monarchie espagnole reprend l'initiative en envoyant des colons et en nommant des vice-rois et des gouverneurs pour administrer les provinces nouvelles. En revanche, les premières tentatives de colonisation (portugaises et françaises) au Brésil et au Canada se soldent toutes par des échecs.

Les progrès techniques en matière de navigation, le développement du commerce et l'émulation entre les pays poussent à l'organisation d'expéditions qui permettent l'exploration du monde.

Sens des grandes découvertes

Les grandes découvertes sont porteuses de bouleversements de fond sur la connaissance de la géographie, de la nature et de l'homme. Au départ, les préjugés sont forts. Christophe Colomb meurt en étant convaincu d'avoir atteint les Indes. De son côté, Gonzalo Fernández de Oviedo (1478-1557) décrit les plantes d'Amérique du Sud en s'efforçant de les faire entrer dans les catégories définies par Pline : l'ananas devient une sorte de pomme de pin. Pourtant, progressivement, le regard et l'analyse vont intégrer la nouveauté. Dès 1502, une carte portugaise intègre les Caraïbes, une partie de la Floride et du Brésil (mappemonde de Cantino). Dans son *Histoire de son temps* (1552), Paul Jove évoque le royaume de Tenochtitlan (Mexique). Jean de Léry, auteur d'une *Histoire d'un voyage fait en la terre de Brésil* (1578), donne aux animaux inconnus le nom que leur ont attribué les Indiens. Enfin, Bartolomé de Las Casas (1474-1566) défend l'idée que les Indiens sont des êtres humains dotés d'une âme.

Les grandes découvertes, à l'origine de la puissance espagnole, se traduisent par une adaptation du regard des Européens sur le monde et par l'une des plus grandes exterminations d'êtres humains de tous les temps.

L'émergence de l'individu ?

Les premiers historiens de la Renaissance ont affirmé qu'elle correspondait à une période d'affirmation de l'individu.

Burckhardt et l'individu

« [Au Moyen Âge, l'homme] *ne se connaissait que comme race, peuple, parti, corporation, famille ou sous toute autre forme générale* et collective. *C'est l'Italie qui, la première, déchire ce voile* [...], *l'homme devient individu spirituel et il a conscience de ce nouvel état.* »

Burckhardt et Michelet

Dans *La Civilisation de la Renaissance en Italie* (1859), Burckhardt explique que l'accumulation de personnalités exceptionnelles (artistes, *condottieri**, conquérants, humanistes, théologiens), le souci de la renommée et de la gloire à l'antique et le déclin de l'influence de l'Église ont encouragé l'affirmation de l'individu. À la même époque, Michelet, dans son *Introduction à la Renaissance* (1855), voit dans cette période l'affirmation de la liberté individuelle face aux contraintes collectives, et il prend l'exemple de Luther, qui incarne selon lui cette liberté nouvelle de l'homme.

Affirmation de l'individu à la Renaissance

Un certain nombre d'éléments étayent ces thèses. Par exemple, les artisans se mettent à signer systématiquement leurs œuvres, les écrivains revendiquent la paternité de leurs écrits, les élites commandent leurs portraits et les peintres multiplient les autoportraits. On peut signaler également que, lorsque Van Eyck peint un objet qui est coupé par le cadre du tableau, il représente ce qu'il voit, et non ce qui existe en soi, indépendamment de tout regard : il affirme donc la subjectivité de son regard et proclame par là l'existence de l'individu. Dans le domaine religieux, la *devotio moderna**, en minimisant la place de l'intermédiaire clérical dans le salut, encourage une conception personnelle et individualiste de la relation à Dieu. Les humanistes, d'ailleurs, Pic de La Mirandole en tête, insistent sur la liberté de l'homme. La Renaissance voit également le développement de lieux intimes, comme le *studiolo** (bureau), les chapelles privées, les jardins clos, ainsi qu'une littérature centrée sur l'individu, avec la multiplication des biographies et des autobiographies (d'artistes, de lettrés, de guerriers) ou l'apparition en Espagne du roman picaresque, qui est un récit à la première personne.

Le cardinal Contarini et la complexité du « moi »

Dans une lettre de 1511 à un ami, il écrit : « *Si tu me connaissais de l'intérieur comme je me connais (mais, même moi, je ne me connais pas moi-même), tu ne me jugerais pas ainsi.* »

L'individu et le groupe

Il faut cependant nuancer cette idée d'une promotion de l'individu à la Renaissance. Tout d'abord, parce qu'elle ne date pas de la Renaissance : la « morale de l'intention » définie par Pierre Abélard (1079-1142) implique déjà la reconnaissance de l'individu, de même que les signes distinctifs dans la représentation des individus dans certains monuments funéraires du Moyen Âge. De plus, les individus à la Renaissance se définissent encore très largement par leur appartenance à un groupe (familial, social, professionnel, religieux, économique, politique ou régional). On peut d'ailleurs se demander dans quelle mesure la Renaissance ne correspond pas plutôt à une époque qui voit l'affirmation de la construction de l'image de soi. C'est ce dont semblent témoigner les soins apportés par Érasme à éditer sa correspondance, par Dürer à se représenter sous la figure du Christ ou par Richard Weston à entrelacer les initiales de son nom sur la façade de son château de Sutton. On assiste par ailleurs à la prise de conscience de l'existence de plusieurs niveaux d'identité individuelle. Ainsi, certains protestants conservent une apparence catholique et pratiquent en cachette le culte luthérien ou calviniste. Cette attitude, appelée « nicodémisme », est fermement condamnée par Calvin, qui exige l'adéquation entre les convictions et la pratique religieuse.

Les éléments ne manquent donc pas pour faire de la Renaissance l'époque où l'individu s'affirme. À y regarder de plus près, il apparaît pourtant qu'elle ne constitue pas dans ce domaine une rupture aussi importante qu'on l'a longtemps cru.

La Renaissance entre civilité et jardins

La Renaissance est une période de définition des règles de savoir-vivre et montre une volonté de contrôle des hommes et de la nature.

Le courtisan

Dans le cadre d'un courant nouveau qui voit dans le courtisan l'incarnation de l'homme accompli, Baldassare Castiglione, dans *Le Livre du courtisan* (1528), définit ce qui fait le bon courtisan, apprécié des dames et du prince. Même s'il pense que c'est la haute naissance avant tout qui fait le bon courtisan, il insiste sur la nécessité, pour plaire, de briller dans des domaines aussi variés que la conversation, la danse, le jeu ou les armes. Il théorise l'importance de l'esprit et des manières pour s'imposer à la cour. L'influence de Castiglione dépasse le monde des cours et est souvent compris comme un code de savoir-vivre.

Érasme et les bonnes manières

« Il n'est pas propre de se moucher dans la main pour s'essuyer ensuite sur ses vêtements. Il est plus décent de se servir d'un mouchoir, en se détournant, s'il y a une personne honorable. »
(Érasme, *La Civilité puérile*)

Civilité et contrôle social

D'ailleurs, à la Renaissance, les humanistes méditent sur le concept latin de *civilitas* qui désigne à Rome les qualités de la vie urbaine civilisée. Sont ainsi progressivement élaborées les valeurs et les pratiques de la civilité ou de l'urbanité. Les sociétés policées exigent un savoir-vivre qui doit être défini. La civilité exige de dompter, d'éduquer les individus. C'est à quoi s'attache Érasme (1469-1536), qui affirme que « *l'homme ne naît pas homme, il le devient* ». Dans *De la civilité* (1530), il s'efforce de définir des normes universelles de savoir-vivre, de politesse et même d'hygiène. Il insiste sur une indispensable modération, sur le rejet des comportements animaux, sur un certain nombre de règles à respecter en société. Cette tendance est tirée dans le sens d'un grand rigorisme moral par certains protestants dont le mouvement puritain en Angleterre est l'illustration la plus aboutie. La Renaissance correspond donc au commencement d'un processus d'affirmation du contrôle social sur l'individu et ses mœurs, qui doivent correspondre à un modèle nouveau.

Diffusion des règles de savoir-vivre

Au milieu du siècle, Giovanni Della Casa (1503-1556) rédige le *Galatée*, un traité de savoir-vivre qui s'adresse à l'ensemble de la société policée (au sens d'« éduquée »), élargissant à l'ensemble de la ville une problématique qui s'adressait jusque-là à la cour.

Les jardins : une nature domestiquée

Les jardins sont un élément de cette civilité nouvelle, de cette domestication d'une nature brute qu'il s'agit d'humaniser. Ils constituent d'ailleurs un élément essentiel de l'architecture, au même titre que les bâtiments. Leur renaissance est théorisée par le *De re aedificatoria* d'Alberti (1452) et illustrée à Florence et à Rome (jardins de Boboli et Tivoli). Les jardins se multiplient ensuite dans toute l'Europe selon des modèles différents. Tandis que les Italiens bâtissent en terrasse et utilisent abondamment l'eau (cascades, fontaines, bassins), ailleurs, les jardins sont plutôt plats et moins riches en jeux d'eau. Le jardin constitue une troisième nature, après la nature « naturelle » et la nature transformée par l'agriculture. Il comporte souvent des réserves de plantes et d'animaux et des éléments artificiels (grottes, cours d'eau, éminences) qui imitent la nature sauvage. Il constitue une sorte de monde en miniature, maîtrisé, qui offre agrément et plaisir esthétique et qui tient à distance la nature sauvage et incontrôlée et ses dangers. Il incarne une nature apprivoisée. Le jardin est également un lieu privé essentiel pour la sociabilité des élites. On s'y promène et on y reçoit ses amis pour méditer et philosopher. C'est dans les jardins de Bernardo Rucellai que se réunissent pour discuter Machiavel, l'historien Francesco Guicciardini et le diplomate Francesco Vittori.

La Renaissance voit l'affirmation d'une civilité nouvelle qui se traduit entre autres par le contrôle de l'individu et l'apprivoisement symbolique de la nature par les jardins.

La Renaissance technique et scientifique, entre imitation et renouvellement

La science de la Renaissance est coincée entre l'héritage antique et son dépassement par quelques savants audacieux. La géographie est encore largement tributaire de Ptolémée (v. 100-v. 170), la physique d'Aristote (384-322) et la médecine de Galien (131-201). Pourtant, des percées fondamentales sont effectuées à la Renaissance.

La révolution copernicienne

La plus importante d'entre elles est sans doute la révolution copernicienne. Grâce à l'observatoire qu'il a fait bâtir en 1513, le savant polonais Copernic (1473-1543) découvre que la Terre tourne autour du Soleil et que les étoiles sont beaucoup plus éloignées de la Terre qu'on ne le soupçonne. C'est un changement radical de la conception qu'a l'homme de sa place dans l'Univers et des explications chrétiennes du monde. De ce point de vue, la révolution copernicienne pose les bases d'un bouleversement de l'imaginaire et de la connaissance du monde de la civilisation occidentale. C'est pourquoi les astronomes, plus que tous les autres savants, sont à la Renaissance dans une position délicate, coincés entre l'autorité de la religion et celle des anciens. D'ailleurs, les idées de Copernic connaissent, au XVIe siècle, une diffusion prudente et limitée.

Jacques Cartier et l'esprit d'expérience

Le navigateur Jacques Cartier incarne le nouvel esprit d'expérimentation lorsqu'il affirme : *« Je voudrais que personne n'essaye de me convaincre de quelque chose qui soit contraire à l'expérience. »*

Observation et expérimentation

La Renaissance est animée par un esprit nouveau d'expérimentation et d'investigation. Cette démarche nouvelle engendre un souci de dépassement du savoir hérité de l'Antiquité. C'est le cas des études botaniques avec William Turner (1508-1568), zoologiques avec Pierre Belon (1517-1564), anatomiques avec Léonard de Vinci (1452-1519) ou Ambroise Paré (1509-1590). Dans le domaine technique, également, la Renaissance se signale par des innovations. C'est le cas de Bernard Palissy (1510-1590), qui perce le secret de la composition des émaux, ou de Georg Agricola (1494-1555), qui s'intéresse au travail minier et à la sidérurgie.

Paracelse (v. 1493-1541) et la médecine de la Renaissance

« Le médecin ne doit pas apprendre tout ce qu'il doit savoir et maîtriser des seuls collèges ; il doit aussi, de temps en temps, consulter les vieilles femmes, les bohémiennes, les magiciens, les voyageurs et toutes sortes de paysans. »

La Révolution militaire

Celle-ci se traduit par les perfectionnements apportés à l'artillerie, qui est utilisée en Europe dès la fin du XIVe siècle. Les canons tirent plus loin, de manière plus précise et font plus de dégâts grâce à leur résistance, à l'amélioration de la poudre, à l'utilisation de boulets de métal et à la mise à disposition des artilleurs de tables de mesure pour préciser les tirs. En réponse, les ingénieurs des fortifications créent le système de fortification bastionnée*. Pour résister à la puissance nouvelle de l'artillerie, la logique de fortification évolue et l'on passe (à partir de la fin du XVe siècle) d'un système fondé sur la hauteur à un système fondé sur la profondeur. Les hautes tours rondes font place à des constructions basses et rondes, puis en forme de losange (les bastions), véritables remparts de terre sertis d'une maçonnerie de pierres. Avec ce nouveau système, les dégâts des boulets sont considérablement réduits. À la même époque, l'infanterie devient redoutable en même temps que les navires de guerre s'améliorent. L'Europe acquiert donc à la Renaissance une supériorité dans le domaine militaire qui est à l'origine de sa domination sur le reste du monde entre le XVIe et le XIXe siècle.

Même si, à la Renaissance, les hommes ne voient pas les sciences comme un champ cohérent, il n'en reste pas moins qu'à cette époque un certain nombre de nouveautés sont mises en place, à tel point que l'on a pu parler de « révolution scientifique ».

Violences de la Renaissance

Des guerres de Religion à l'extermination des Indiens d'Amérique, la Renaissance est une période qui a aussi ses côtés sombres.

Négation de l'autre

À la Renaissance, l'expansion portugaise et espagnole se traduit par un asservissement des populations locales africaines et américaines. On s'interroge sur leur appartenance à l'humanité ou à l'animalité. Lorsqu'à la suite des combats menés par Bartolomé de Las Casas, en particulier lors de la conférence de Valladolid (1550), il est admis que les Indiens sont des êtres humains pourvus d'une âme, il est trop tard. L'esclavage, les massacres et l'arrivée de maladies contre lesquelles les Indiens ne sont pas immunisés provoquent en un siècle la mort de plusieurs dizaines de millions d'individus. La Renaissance est donc une période qui voit la rencontre de deux civilisations se traduire par la disparition de sociétés entières. La Renaissance est également une période riche pour l'antijudaïsme et la persécution des hérétiques. La situation est aggravée par l'éclatement de la chrétienté sous la pression de la Réforme protestante. Les protestants sont donc persécutés par les autorités catholiques, mais aussi par la plupart des humanistes. L'exemple de Thomas More est à cet égard tout à fait éloquent. Alors que dans l'*Utopie* il défend l'idée d'une tolérance religieuse, il appelle ensuite, comme chancelier d'Angleterre, aux bûchers d'hérétiques. Les massacres pour des motifs religieux sont innombrables et touchent presque toutes les régions d'Europe, du sac de Rome par des merce-

Le cas Michel Servet

Michel Servet (v. 1511-1553), condamné à mort presque simultanément par le magistrat de Genève et l'Inquisition à Vienne pour sa remise en cause de la Trinité et brûlé vif à Genève, en 1553, est l'incarnation de l'intolérance d'une époque.

naires luthériens allemands en 1527 aux guerres de Religion qui déchirent le royaume de France dans la seconde moitié du XVIe siècle, en passant par les persécutions des protestants sous le règne de Marie Tudor en Angleterre (1553-1558).

La mortalité indienne

On estime que la population amérindienne passe de 80 millions en 1500 à 10 millions en 1600 et que la population du Mexique passe pendant la même période de 25 millions à 1 million.

La mise en place du contrôle des consciences

On voit par ailleurs se développer l'Inquisition, en Espagne dès 1478, puis à Rome, où elle est organisée de manière centralisée à partir de 1542. La prise de conscience du potentiel de diffusion des idées nouvelles par l'imprimerie appelle la mise en place d'un système de censure. Il s'agit de défendre l'unité doctrinale en matière religieuse. Dès 1521, en France, il est interdit de publier des livres religieux sans l'autorisation de la Sorbonne. À Rome, une première liste de livres mis à l'index est publiée en 1559.

La Renaissance contre les femmes

La femme de la Renaissance pâtit d'un double discours hostile. Celui des théologiens qui condamne les descendantes d'Ève la tentatrice, dépourvue d'âme ou qui, au mieux, ne peut avoir qu'une âme courbe, sur le modèle de la côte d'Adam dont elle est issue. Celui des humanistes qui exhume d'autres figures négatives, comme celle de Pandore, qui ouvrit la boîte contenant tous les maux du monde. Dans la société de la Renaissance, comme au Moyen Âge, la femme est soumise à l'homme. La Renaissance offre pourtant quelques figures féminines exceptionnelles. On peut penser à la poétesse Louise Labé (v. 1524-1566), à quelques femmes d'État (Marguerite d'Autriche, Catherine de Médicis, Élisabeth Ire d'Angleterre), à des mécènes (Isabelle d'Este). On trouve également des discours plus positifs chez Érasme, Juan Luis Vives ou Thomas More. Mais, même chez ces auteurs, on trouve l'affirmation très claire d'une supériorité de l'homme.

La Renaissance est riche en zones d'ombre qui font autant partie de son identité que ses génies artistiques, littéraires ou philosophiques.

La sortie de la Renaissance

La seconde moitié du XVIe siècle correspond à une période de doutes, de mélancolies, d'angoisses ou de regrets, symbolisés par la poésie de Du Bellay en France et de John Donne en Angleterre. Est-ce le signe du déclin ou de la fin de la Renaissance ?

Le XVIIe siècle, un nouveau monde

En 1632, le philosophe Campanella écrit à Galilée que leur époque se caractérise par « *de nouveaux mondes, de nouvelles étoiles, de nouveaux systèmes, de nouvelles nations* ».

L'actualisation des potentialités de la Renaissance

La Renaissance était riche de virtualités, porteuses d'une évolution radicale, qui viennent au jour progressivement entre 1520 et 1620. Ainsi, le rêve humaniste d'une réforme de l'intérieur de l'Église catholique débouche sur l'échec d'un accord entre catholiques et protestants. Une rupture confessionnelle intervient donc entre 1540 et 1560, séparant irrémédiablement les deux Églises. Par ailleurs, l'idéal humaniste, qui faisait la part belle à la pédagogie, ne devient progressivement qu'une simple méthode éducative : c'est « *le passage de l'humanisme aux humanités* ». Dans le domaine astronomique, Galilée reprend les conclusions de Copernic et actualise la remise en cause de l'ordre du monde impliqué : on passe « *du monde clos à l'Univers infini* ». La Renaissance peut être définie comme une période qui énonce des idées, des possibilités, dont la fermentation engendre la création d'un monde nouveau.

Le rejet des vieux modèles

Le XVIIe siècle correspond à une remise en cause de la Renaissance par un double rejet de ses modèles. D'abord, celui de l'Antiquité : tandis que les humanistes, partant de celle-ci, appelaient à son dépassement, Descartes est le symbole d'un XVIIe siècle qui la rejette en bloc en donnant un élan radicalement inédit à la philosophie. C'est ensuite la perte de l'hégémonie italienne : après avoir été dépossédée de son monopole culturel dès la première moitié du XVIe siècle, elle cède la place au XVIIe siècle à l'ère de la suprématie française.

Le XVIIe siècle et la pensée mathématique

Le XVIIe siècle voit le développement de la raison au sens mathématique ou géométrique. Hobbes dans le *Léviathan* ou Spinoza dans l'*Éthique* ont ainsi une démarche d'une rigueur mathématique.

Persistance de la Renaissance

La Renaissance survit pourtant largement et irrigue le monde nouveau. Les élites, d'abord, formées dans les collèges (jésuites, en particulier), sont nourries aux humanités issues des travaux des humanistes de la Renaissance. Les peintres comme Poussin (1594-1665), Velázquez (1599-1660) ou Reynolds (1723-1792) continuent à se rendre en Italie pour s'inspirer de l'Antiquité aussi bien que des modèles italiens de la Renaissance. Plus généralement, la perspective, l'imprimerie, le capitalisme naissant, les nouvelles techniques militaires, l'affirmation de l'État façonnent la civilisation occidentale sur un modèle renaissant évolutif.

Résurgences

On ne sera donc pas surpris des résurgences, même tardives, de la Renaissance dans l'architecture (bibliothèque Sainte-Geneviève, 1842), la peinture (mouvement des préraphaélites en Angleterre) ou la pensée (problématique de l'« humanisme » au XXe siècle), pas plus que de la familiarité de tous avec les symboles de la Renaissance (la chapelle Sixtine, Chambord, Léonard de Vinci).

La sortie de l'héritage de la Renaissance

Pourtant, au siècle dernier, l'héritage de la Renaissance a connu de nombreuses remises en cause. Ont ainsi été contestés la physique galiléenne par la théorie de la relativité, la perspective par l'art abstrait, le livre imprimé par la télévision puis Internet, l'organisation d'une économie à l'intérieur de l'État ou entre États par la mondialisation et les associations interétatiques, le rôle des fantassins par la guerre moderne. Aujourd'hui, notre monde sort de plus en plus de l'héritage de la Renaissance.

La sortie de la Renaissance est donc progressive, attestée par des changements de style, de manière de penser et par la perte de la domination culturelle et intellectuelle italienne. Elle intervient à des moments variés en fonction des secteurs.

Glossaire

Anamorphose : image déformée dont l'aspect réel ne peut être perçu qu'en la regardant sous un angle particulier ou au moyen d'un miroir courbe.

Catéchisme : ouvrage exposant les principes de la foi.

Choc microbien : les conquistadors introduisirent en Amérique une série de maladies contre lesquelles les Amérindiens n'étaient pas immunisés et qui provoquèrent une hécatombe.

Compas : instrument de navigation alliant une boussole et une rose des vents.

Concile : le concile est une assemblée d'évêques réunie pour traiter de questions de dogme, de morale ou de discipline.

Conciliarisme : le conciliarisme est l'affirmation que le pouvoir pontifical doit être tempéré par les conciles*.

Condottiere : chef de mercenaires, détenteur d'une *condotta* (contrat) qui lui permet de lever et de commander des troupes.

Confrérie : association pieuse de laïcs.

Curial : relatif à la cour.

Devotio moderna : mouvement de réforme spirituelle insistant sur l'exemple moral du Christ.

Doge : chef élu de la République de Venise.

Duomo : dôme d'une cathédrale.

Enluminure : décoration peinte ornant un manuscrit.

Eucharistie : sacrement essentiel du christianisme qui commémore et perpétue le sacrifice du Christ.

Fortification bastionnée : logique de fortification nouvelle destinée à résister à l'amélioration de l'artillerie. Un système fondé sur la profondeur est substitué à un système fondé sur la hauteur. Les hautes tours rondes font place à des constructions basses en forme de losange (les bastions), véritables remparts de terre sertis d'une maçonnerie de pierres. Avec ce nouveau système, les dégâts des boulets sont considérablement réduits.

Justification : acte par lequel Dieu fait passer une âme de l'état de péché à l'état de grâce.

Marqueterie : assemblage décoratif de pièces de bois précieux.

Mécénat : protection et aide financière accordées par un individu ou une institution à un artiste.

Officiers : titulaire d'un office, c'est-à-dire d'une charge publique conférée par le roi, en particulier dans le domaine de la justice et de la finance.

Ordres : dans le domaine architectural, manière d'ordonnancer et de décorer les éléments (en particulier les chapiteaux) porteurs d'une structure.

Pessimisme augustinien : la pensée de saint Augustin (354-430), l'augustinisme, est une pensée très pessimiste sur la nature humaine, qui considère l'homme comme perdu par le péché originel et sauvé uniquement par la grâce de Dieu.

Polyphonie : chant à plusieurs voix.

Réguliers : religieux appartenant à un ordre religieux et obéissant à une règle, par opposition aux séculiers.

Scolastique : enseignement et méthode de spéculation théologique et philosophique qui s'appuie sur la pensée d'Aristote et de saint Thomas d'Aquin et s'efforce de comprendre rationnellement les vérités révélées.

Studiolo : désigne en Italie une petite pièce privée qui correspond à une salle d'étude ou à une bibliothèque.

Vulgate : version latine des Écritures saintes, due à saint Jérôme (347-420), qui est déclarée authentique par le concile* de Trente.

Notices biographiques

Atahualpa (v. 1527-1533) : Atahualpa Yupanki incarne les victimes de la Renaissance européenne. Empereur des Incas, il est étranglé sur ordre de Pizzaro après avoir versé la rançon exigée pour sa libération et qui aurait consisté à remplir d'or l'une des pièces de son palais.

Brunelleschi (1377-1446) : architecte florentin, son génie mathématique lui permet de résoudre le problème, réputé insoluble, de l'élévation du dôme de Santa Maria del Fiore à Florence. Son style rationnel, à la décoration discrète, est illustré dans la loggia de l'orphelinat de Florence.

Colomb (1451-1506) : navigateur italien, il est convaincu de la sphéricité de la terre et donc de l'existence d'un passage par l'ouest pour se rendre aux Indes. Au terme de ses quatre voyages, il a reconnu une partie des côtes américaines, mais n'a jamais pris conscience d'avoir découvert un monde nouveau.

Copernic (1473-1543) : astronome polonais, il découvre que la Terre et les autres planètes tournent autour d'un axe en orbite autour du Soleil et que les étoiles sont beaucoup plus éloignées de la Terre qu'on ne le soupçonne. Il remet ainsi en cause l'astronomie de Ptolémée, acceptée par l'Église, qui fait de la Terre le centre de l'Univers.

Hernán Cortés (1485-1547) : pour conquérir en deux ans (1519-1521) l'empire aztèque, il pratique avec maestria l'art de la communication en exploitant les croyances des Indiens (se faisant passer pour un envoyé du dieu Quetzalcóatl, dont on dit qu'il doit revenir un jour) et en exploitant les inimitiés entre tribus. Il incarne l'homme de la Renaissance dans sa capacité à s'adapter à la nouveauté.

Érasme (1469-1536) : « prince des humanistes », il résume à lui seul les combats de l'humanisme de la Renaissance. Il dénonce les abus de l'Église aussi bien que l'héritage scolastique*. Pédagogue et philologue, il s'attache à la diffusion du message chrétien et propose une édition nouvelle du Nouveau Testament.
Sur la question de la liberté du chrétien, il s'oppose à Luther.

François Ier (1515-1547) : roi de France, il incarne le prince de la Renaissance par ses palais italianisants (Chambord, Fontainebleau), son patronage des arts et des lettres (invitation d'artistes italiens, fondation du Collège de France) et la mise en scène de sa grandeur (camp du Drap d'or).

Fugger : famille de marchands-banquiers d'Augsbourg qui connaît son apogée sous Jakob II « le Riche » (1459-1525), qui diversifie les activités de la firme familiale (en particulier dans les mines) et se fait le créancier de Maximilien Ier, puis de Charles Quint. La banqueroute espagnole provoque la disparition de la firme en 1607.

Léonard de Vinci (1452-1519) : peintre, sculpteur, anatomiste, ingénieur, philosophe italien, il est célèbre pour ses tableaux (*La Joconde*) et ses carnets de croquis qui révèlent l'étendue de sa curiosité et son génie créatif. Il défend la dignité de l'artiste comme intellectuel. Il termine ses jours en France.

Martin Luther (1483-1546) : moine augustin, il se rend à Rome en 1510, où il est scandalisé par la corruption

Notices biographiques (suite)

et les abus qu'il y observe. Convaincu que l'homme n'est sauvé que par la foi et non par les bonnes œuvres, il dénonce la vente des indulgences, qui sont censées diminuer la durée du séjour de l'âme au purgatoire. C'est le début de la Réforme.

Nicolas Machiavel (1469-1527) : homme politique et diplomate florentin, il réfléchit dans *Le Prince* (1513) aux moyens qui permettent au prince d'obtenir et de conserver le pouvoir et théorise la place de la violence et de la crainte dans l'exercice de l'autorité et le rejet des considérations morales et éthiques.

Famille Médicis : banquiers et marchands florentins qui, dès le XVe siècle, dominent Florence. Ses membres les plus illustres sont Cosme l'Ancien (1389-1464) et Laurent le Magnifique (1449-1492), qui protègent l'humanisme et les arts, ainsi que les papes Léon X et Clément VII.

Chronologie

1321 Mort de Dante Alighieri
1337 Mort de Giotto
1337-1453 Guerre de Cent Ans
1374 Mort de Pétrarque
1375 Mort de Boccace
1397 Début de l'enseignement du grec à Florence par Manuel Chrysoloras
1403 Bruni, *Éloge de la ville de Florence*
1406 Mort de Coluccio Salutati
1418 Concours pour le dôme de la cathédrale Santa Maria del Fiore de Florence
1419 Brunelleschi, hôpital des Innocents, Florence
1420-1436 Construction de la coupole de Santa Maria del Fiore à Florence
1419-1467 Philippe le Bon duc de Bourgogne
1427-1454 Bruni chancelier de Florence
v. 1427 Masaccio, *Le Paiement du tribut*
1428 Mort de Masaccio
1429 Mort de Jean de Gerson
1434-1494 Domination des Médicis sur Florence
1441 Mort de Jan Van Eyck
v. 1445-1453 Donatello, statue équestre de Gattamelata à Padoue
1446 Mort de Brunelleschi
v. 1452-1456 Bible de Gutenberg, premier livre imprimé
1453 Prise de Constantinople par les Turcs
1457 Mort de Lorenzo Valla
1458 Mort de Rogier Van der Weyden
1462 Benozzo Gozzoli, *Cortège des Rois Mages* (chapelle privée des Médicis)
1466 Mort de Donatello
1467 Marsile Ficin, *Commentaire sur le Banquet de Platon*
1469 Premier livre imprimé à Venise
1470 Premier livre imprimé à Paris
1472 Mort de Leon Battista Alberti
1475 Mort de Paolo Ucello
1476 Premier livre imprimé en grec
v. 1478 Botticelli, *Le Printemps*
1480 Création du tribunal de l'Inquisition de Séville
1485 Botticelli, *La Naissance de Vénus*
1486 Pic de La Mirandole, *De la dignité de l'homme*
1488 Verrochio, portrait équestre de Bartolomeo Colleone
1492 Nebrija, *Grammaire espagnole*
1492 Colomb débarque aux Bahamas
1494 Début des guerres d'Italie

Chronologie (suite)

1494-1495 Séjour en Italie de Dürer
1496 Cours de John Colet sur saint Paul
v. 1497 Léonard de Vinci, *La Cène*
1498 Début de la construction de l'université d'Alcalá de Henares
1498 Voyage de Vasco de Gama vers Goa
1498 Savonarole est brûlé à Florence
1500 Découverte du Brésil par Pedro Alvares Cabral
1501-1504 Michel-Ange, *David*
1503 Léonard de Vinci, *La Joconde*
1506 Bramante commence Saint-Pierre à Rome
1508-1512 Décoration des voûtes de la chapelle Sixtine par Michel-Ange
1509-1511 Raphaël, *L'École d'Athènes*
1511 Érasme, *Éloge de la folie*
1511-1520 Affaire Reuchlin
v. 1513 Machiavel, *Le Prince*
1516 Thomas More, l'*Utopie*
1517 Publication des 95 thèses de Luther
1519 Début du tombeau de Julien de Médicis par Michel-Ange
1519 Début des travaux du château de Chambord
1519-1521 Conquête du Mexique par Hernán Cortés
1519-1522 Tour du monde de Magellan
1524 Érasme, *Du libre arbitre*
1527 Début des travaux du château de Fontainebleau
1527 Sac de Rome par les soldats de l'empereur Charles Quint
1528 Castiglione, *Le Livre du courtisan*
1529 Altdorfer, *La Bataille d'Alexandre à Issos*
1530 Institution de lecteurs royaux à Paris par François Ier (futur Collège de France)
1534 Rabelais, *Gargantua*
1534 Premier voyage au Canada de Jacques Cartier
1537-1545 Serlio, *Architecture*
1537-1541 Michel-Ange, *Le Jugement dernier*
1540 Jean Calvin, *Institution de la religion chrétienne*
1543 Copernic, *Des révolutions des orbes célestes*
1545-1563 Concile de Trente
1547 Début des travaux de la fontaine des Innocents par Jean Goujon
1547-1551 Controverse de Valladolid
1549 Du Bellay, *Défense et illustration de la langue française*
1550 Vasari, *Vies des plus excellents peintres, sculpteurs et architectes*
1552 Ronsard, *Amours*
1552 Bartolomé de Las Casas, *Brève Relation de la destruction des Indes*
1553 Exécution de Michel Servet
1560 Début de l'aménagement des jardins de la villa d'Este à Tivoli
1561-1567 Publication posthume de l'*Histoire d'Italie* de Guichardin
1563 Premier atelier d'imprimerie en Russie
1564 Mort de Michel-Ange
1566 Palladio, villa Rotonda à Vicence
1570 Baïf fonde l'Académie de poésie et de musique
1570 Palladio, *Quatre Livres d'architecture*
1572 Camoens, *Les Lusiades*
1586 Jean Bodin, *Les Six Livres de la République*
1580 Montaigne, *Essais*, I-II
1583 Juste Lipse, *De la constance*
1600 Giordano Bruno est brûlé vif à Rome
1600 Shakespeare, *Hamlet*
1605 Cervantès, *Don Quichotte* (1re partie)

Bibliographie

Dictionnaires et ouvrages généraux

Dictionnaire de la Renaissance, Encyclopedia Universalis-Albin Michel, 1998.

ASTON (Margaret), *Panorama de la Renaissance*, Thames and Hudson, 2003. Très riche illustration.

HALE (John), Dictionnaire de la Renaissance italienne, Thames and Hudson, 1997. Remarquable ouvrage.

JOUANNA (Arlette) éd., *La France de la Renaissance, histoire et dictionnaire*, coll. « Bouquins », Robert Laffont, 2001. Excellente synthèse.

Ouvrages anciens

BURCKHARDT (Jacob), *Civilisation de la Renaissance en Italie*, coll. « Biblio Essais », Le Livre de poche, 1986 [1860]. Ouvrage fondateur, aujourd'hui daté.

MICHELET (Jules), *Renaissance et Réforme*, coll. « Bouquins », Robert Laffont, 1998. Ouvrage fondateur, aujourd'hui daté.

Synthèses

BURKE (Peter), *La Renaissance européenne*, coll. « Point-Seuil », Seuil, 2002. Une approche originale de la Renaissance qui insiste sur les processus de réception des nouveautés italiennes et sur la Renaissance dans les marges de l'Europe.

DELUMEAU (Jean), *La Civilisation de la Renaissance*, coll. « Grandes Civilisation », Arthaud, 1993. Un des ouvrages de référence.

GARIN (Eugenio) éd., *L'Homme de la Renaissance*, coll. « Point-Seuil », Seuil, 2002. Synthèse originale par les meilleurs spécialistes autour des principales figures de la Renaissance (« le cardinal », « l'homme de cour », « l'artiste », etc.)

HALE (John), *La Civilisation de l'Europe à la Renaissance*, coll. « Tempus », Perrin, 2003. Sans doute la meilleure synthèse disponible aujourd'hui.

Histoire de l'art et de la littérature

JESTAZ (Bertrand), *L'Art de la Renaissance*, Mazenod, 1984. L'ouvrage de référence.

ZERNER (Henri), *L'Art de la Renaissance en France*, coll. « Tout l'art », Flammarion, 2002. Exceptionnel ouvrage.

RIGOLOT (François), *Poésie et Renaissance*, coll. « Point-Seuil », Seuil, 2002. Synthèse stimulante sur la poésie française de la Renaissance.

Humanisme et Réforme

CROUZET (Denis), *Jean Calvin*, Fayard, 2000. Présentation neuve et stimulante du réformateur français.

CHAUNU (Pierre), *Le Temps des réformes*, coll. « Pluriels », Hachette, 1996 [1975]. Vaste synthèse très stimulante.

VENARD (Marc) éd., *Histoire du christianisme*, t. 7 : De la Réforme à la Réformation (1450-1530) et t. 8 : *Le Temps des confessions* (1530-1620), Desclée, 1994 et 1992. Incontournable.

Quelques monographies

CHATENET (Monique), *La cour de France au XVIe siècle*. Vie sociale et architecture, Picard, 2002. Belle synthèse, très riche et très nouvelle, bâtie sur des sources largement inédites.

KNECHT (Robert J.), *Un prince de la Renaissance : François Ier et son royaume*, Fayard, 1998. Le livre de référence. Très riche sur les aspects artistiques et culturels.

LAZARD (Madeleine), *Michel de Montaigne*, Fayard, 1995. Excellente synthèse.

SCREECH (Michael), *Rabelais*, coll. « Bibliothèque des idées », Gallimard, 1992. Excellent ouvrage.

SKINNER (Quentin), *Machiavel*, coll. « Point-Seuil », Seuil, 2001. Courte synthèse.

Index

Le numéro de renvoi correspond à la double page.

Dans la collection *Les Essentiels Milan*
derniers titres parus :

Responsable éditorial
Bernard Garaude
Directeur de collection
Dominique Auzel
Suivi éditorial
Cécile Clerc
Assistante d'édition
Isabelle Seret
Correction-Révision
Élisée Georgev
Maquette
Sandrine Lucas
Iconographie
Sandrine Batlle
Conception graphique et couverture
Bruno Douin
Fabrication
Isabelle Gaudon
Magali Martin

Crédit photos

p. 3 : © Bridgeman Art Library
pp. 4-5 : cartographie © Idée Graphic
p 12 : © Giraudon - Bridgeman Art Library
p. 19 : © Bridgeman Art Library
p. 28 : © Bridgeman Art Library
p. 34 : © Giraudon - Bridgeman Art Library
p. 36 :© Giraudon - Bridgeman Art Library
p. 38 © Bridgeman Art Library
p. 47 : © Giraudon - Bridgeman Art Library

ISBN : 2-7459-1281-X
D. L. mars 2004
Aubin Imprimeur, 86240 Ligugé
Imprimé en France